NEW ECONOMY

BLOCKCHAIN

ブロックチェーンがひらく「あたらしい経済」 幻冬舎

正田英樹 田中貴規 村上隆明 中嶋亮吾 安土茂亨 株式会社chaintope

ブロックチェーンがひらく「あたらしい経済」

目次

2章 ブロックチェーンの社会実装事例

4章 もっと分かるブロックチェーン 153

序章

あたらしい経済の見取り図を目指して

これから、わずか数年で世の中の仕組みが大きく変わる可能性が高まってきました。本来であれば20年くらいかけて変化する流れが、誰も予想しえなかった新型コロナウイルスの世界的な蔓延《まんえん》により、そのスピードが劇的に速まったのです。

これまで人類は長い時間をかけて都市化を進め、ありとあらゆるものを集積することにより短時間で効率的にものごとを取り決め、実行してきました。その仕組みがこの度の新型コロナウイルスの蔓延により打ち壊され、あたらしい世界の仕組みを考えなければならなくなりました。分散型でありながら高速かつ安心安全に取り決めが行われ、人人の個性も生かされる世界。このあたらしい世界の仕組みづくりに不可欠な技術がブロックチェーンです。

これまで、日本においては地方創生や地方分権といわれてきましたが、実際には東京を中心として都市においてものごとを取り決めた方がスピードも速く、非常に効率的でした。従って、なかなか分散型でものごとを取り決める仕組みにはなりませんでした。しかし、これからは分散型でものごとをスピーディーに取り決められる仕組みを構築しないと世界が動いていきません。その鍵を握るのがブロックチェーンです。

今、このブロックチェーン技術をとりまく環境は、世界同時競争が行われています。インターネット革命は圧倒的に米国のシリコンバレーが先行して技術開発を進め、日本はあくまでシリコンバレー発の技術やサービスの利用者に過ぎませんでした。しかしながら、ブロックチェーンは世界同時競争が行われており、技術競争という観点においても日本にも十分な勝機があります。

ブロックチェーン。様々なところでこのワードを耳にしたことがあるかもしれません。投資ですがそれは「確か仮想通貨（暗号資産）とかいうのに関連しているんでしょ？　投資とか興味ないよ」とか「会社に新しくできたDXなんとかという部署の人が話しているのを聞いたけど面倒なやつでしょ？　専門家に任せておけば大丈夫でしょ」といった具合に、あまり身の回りの生活や仕事に関係しないイメージが強いと思います。

しかし、このブロックチェーンは、これから急速に変わっていく未来における必須教養なのです。しかも、すでに身につけた知識と経験をフル活用すれば、誰でもそのエッセンスを理解できるとしたらどうでしょう？

本書は、こうした視点から書かれたものです。

これからより良い未来の世界を実現するため、そしてできればこの本の読者の多くが暮らす日本がこのテクノロジーをリードしていけるように願って、「まさに今こそ」という思いでできた本なのです。

《エグゼクティブ・サマリー》

●ブロックチェーン技術はイノベーションの宝庫である。

●ブロックチェーンをめぐる競争は「世界同時競争」の状況にある。

●ブロックチェーンはアメリカの超巨大ＩＴ企業の独占に「待った」をかける可能性がある技術である。

●つまり、ブロックチェーンをめぐる競争は現時点では平等であり、誰にでも勝機がある。

●そのため、打ち手によっては日本がこのイノベーションのリーダーになれる。

●しかし、私たちの技術を受け入れる心持ち次第でこの競争に負ける可能性がある。

●そこで本書は、ブロックチェーンの社会実装のための基礎知識と実例を余すところなく多くの方に紹介することで、この技術に対する理解の促進、そしてブロックチェーンをめぐる世界同時競争を日本がリードする上での一助となることを目的としている。

〈用語解説〉

ブロックチェーン：参加者（ノードと呼ばれる）が互いに完全な情報（ブロックと呼ばれる塊）を持ち合い、その情報にあたらしい情報を付け足していく（チェーンのように繋いでいく）という特徴を持つ記録手法のこと。分散型台帳システムとも。

ビットコイン：ブロックチェーンの技術をお金の送金に応用した、国家や銀行を必要としない仮想通貨の第1号。

仮想通貨（暗号資産）：中央銀行などを必要としないデジタル通貨のこと。ブロックチェーンの登場によって実現した新しい概念。本来の意味は、外来語のクリプトカレンシーに準ずるが、輸入された時に「仮想通貨」の名称が定着したため言葉の混乱もみられる。日本の法律上では当初この名称だったが、改正されて今後は「暗号資産」に統一される見込み。業界によっては外来語の直訳から暗号通貨と呼ぶこともある。本書では現時点でより読者に馴染みがある仮想通貨を用いることが多いが、いずれも基本的には同じものを指す。具体的な通貨名として、ビットコイン、イーサリアム、ネム、リップルなど多数が存在している。

ブロックチェーンが可能にする未来

実は仮想通貨は、ブロックチェーンが可能にする未来のほんの一部でしかありません。ブロックチェーンがひらくあたらしい経済・あたらしい世界の中で仮想通貨・暗号通貨・暗号資産はこれからも重要な位置を占めることが予想されますが、ブロックチェーンは仮想通貨だけに留まる技術ではないのです。

そこで最初に強くお願いしたいことは、「仮想通貨に使われている技術の一部としてブロックチェーンを理解する」という意識から、「仮想通貨のような今までになかった新しいことを実現できるブロックチェーンを理解する」という意識に大転換していただくことです。

ブロックチェーンはよく「分散型台帳システム」などといわれます。これについての詳しい話は4章で取り上げますが、さしあたってはこれが台帳、つまりノートとかメモみたいなものだと思っていただければよいでしょう。するとこれは要するに「すごいノートができた！」くらいの意味になります。では、多くの人にとって人生に一番影響を与えているノート・台帳とはどんなものでしょう？

劇作家のバーナード・ショーは同じ問いに対して「預金通帳」と答えました。

預金通帳は数字が書かれているだけのノートともいえます。しかし、ただのノートと違って、通帳同士で振り込みという名の「数字の移動」ができます。また、他者から勝手に数字をいじられず、数字が自分のものだという裏づけまであります。これは普段目にする銀行や銀行同士を繋ぐ全銀ネット、ひいては日本政府がこうした台帳システムを作り上げているからこそ可能になっているものです。

そして、ブロックチェーンが最初にひらいた未来はこの通帳のシステムに対してでした。それが仮想通貨だったというわけです。

それではブロックチェーンの台帳には具体的にどんな特徴があるのでしょうか。

それは「分散型」だという特徴です。分散型というと難しいと思われる方も、その対義語から入れば理解しやすいでしょう。

分散の反対は集中です。

権力なら分権の反対は中央集権です。分権的なシステムに対して集権的なシステムということになります。集権的システムの権力がたった一か所なら中央集権システムです。この時、銀行が可能にしている通帳のシステムは銀行や政府といった中央集権的な存在が可能にしています。

その反対の分散型台帳システムを動かすのがブロックチェーンというわけです。

詳しい話は続く1章と4章に残しておきますが、要は銀行や政府といった絶対的な権力者がいなくても成り立つという仕組みを実現できることが、ブロックチェーンの大きな特徴です。

これによってどんなことが起きるでしょう?

日本に住んでいると銀行を使うことはとても一般的です。多くの人たちが銀行に口座を持ち、預金通帳を利用します。しかし、多くの人が銀行口座を持つことができないという国も世界にはあります。

お金を誰かに送金するにも私たちの常識が通じず、「どうやってそのお金を送るのか、どうやって決済するのか」というような人々が世界中にいるのです。こうした国は同じアジアのASEAN諸国の中にも存在しています。分散型台帳のシステムは、そうしたところに銀行を介さないあたらしいフィンテック（金融Finance×技術Technology

の造語）のモデルを確立できる可能性があります。そして、むしろフィンテックのモデルが銀行のシステムの未発達な発展途上国で成熟し、それがアメリカや日本にリバースイノベーションするということさえも考えられます。

これがブロックチェーンの面白さです。

ブロックチェーンを使えば、これまでは中央集権的な国や銀行の独占だったお金の発行や管理が分散的に誰にでも行える時代になるのです。

地域や企業や個人が仮想通貨を発行して代わりに日本円やドルを得たり、仮想通貨自体で様々な取引が行われたりするようなことが可能になります。そして金融分野でのブロックチェーン活用によってあたらしいお金の流れができると、様々なイノベーションが起こることが予想されます。これまでは日の当たらなかったような地域やアイデアにお金が集まることで、これまで実現できなかったことが実現できるようになるのです。

お金の流れがあたらしくなるということは、金融以外の分野のイノベーションのきっかけにもなるのです。

ブロックチェーンだからこそ日本にも勝機がある

そしてこうした変化は日本やアジアの再生にも一役買うかもしれません。

これには、ブロックチェーンが浸透した世界には、「絶対的な権力者が必ずしも必要ではなくなる」という状況が容易に作り出せるという特徴が影響しています。ちょっとだけ話がそれますが、ブロックチェーンがなぜ私たち日本人、アジア人にとって重要なのか、という根底に関わる部分ですのでしばらくお付き合いください。

インターネットが登場してからというもの、既存の製造業や流通・小売など多くの大企業が新興のスタートアップ企業によって追い抜かれていきました。インターネットが独占的・中央集権的な古い社会を壊して、自由でひらかれた社会をもたらすと夢みた人が多くいました。

これまで、グーグル・アップル・フェイスブック・アマゾンの頭文字をとってGAF

Ａと略されることもあるＩＴ業界の覇者たちは、インターネットを最大限に利用して、業務を集中化・標準化させることで一点一点のコストを極小化していきました。彼らは、従来の産業革命で生まれた一部の富豪たちが富を独占して非難された歴史を学んでおり、常に最安値・最高品質を利用者に提供し続ける努力によって非難を避けることができました。

しかし、まさにその努力によって、業務を集中化できない企業（プラットフォーム企業でない企業）が淘汰《とうた》されるという状況ができてしまったのです。

結局のところ、インターネット革命によって生まれたのは、ＧＡＦＡといった別の形の中央集権的な権力者だったともいえるでしょう。しかもＧＡＦＡはすべて米国企業です。それによって、インターネットを基盤としたビジネスで扱われる主要な技術（ソフトウエア・ハードウエア）のほとんどは米国や欧州の技術になってしまいました。もはやインターネットの世界で日本人や日本企業はあくまでも利用者に過ぎないのです。

ところがブロックチェーンについては、現段階では完全に世界同時競争のタイミングです。国際機関による標準化の動きがまだないという点で、非中央集権的に世界で技術競争が行われているということです。もちろん、ブロックチェーンはインターネットが世界中に浸透した前提で動く技術ですし、当面はＧＡＦＡの利用者であり続けます。やや矛盾を感じるかもしれませんが、しかし、これは最終的には分散型の技術なのです。今まさに隆盛を極めている中央集権型の巨大企業に風穴を開けて、その中に、正反対の思想を持った社会を同居させながら築く技術といってもいいでしょう。

米国巨大ＩＴ企業に風穴が開くという可能性は、日本やアジアにとってはチャンスだということです。

話を元に戻しましょう。

先ほどブロックチェーンとは分散型の台帳システムだと説明しました。そしてさしあたり台帳というのは支払台帳とか総勘定元帳といったように記録を残すノートやメモのようなものとして考えてみるということで話を進めてきました。こうした中で例えば通帳は大事ですという話から、これが実は仮想通貨に繋がったわけです。

でも、こうしたノートやメモ、すなわち台帳が重要な分野は他にもたくさんあると思いませんか？　例えばポイントや商品券、不動産登記簿、賃貸借契約書、旅館やホテルの宿泊者名簿、あるいは近年注目されているトレーサビリティの記録帳などなどです。
こうしたものすべてがブロックチェーンによって大変革される可能性があるのです。

ブロックチェーン社会実装のラスト・ワンマイル

しかし、大変革が起こるという時、いつも立ちはだかるのは法律や規制の問題です。もちろん規制は必要があるからこそなされるものです。しかし時として規制が社会変革をさまたげることがあります。

これからブロックチェーンの活用によってあたらしい世界が生まれます。現状の法律では定義できないあたらしい社会のモデルがこれから出てくるということです。そのため既存の法律の解釈を変えたり、新法を作ったりする必要性が出てくるでしょう。

ちなみに日本は世界に先駆けてこの仮想通貨に関する法律を整備している先進国でもあります。2017年4月1日には通称「仮想通貨法」が施行されました。正式名称は「情報通信技術の進展等の環境変化に対応するための銀行法等の一部を改正する法律」

という改正法案です。そこでは①仮想通貨の定義づけ、②仮想通貨交換業者（取引所）の登録制の導入、③仮想通貨交換業者の監督規程の整備が行われています。

日本はルールづくりという意味で世界をリードしている半面、規制が絡む領域でのブロックチェーン活用には多くの時間を要しています。現在の状況はというと、「仮想通貨に関して」は、日本における規制は強化される一方です（ブロックチェーンの技術を規制するわけではありません。仮想通貨の取り扱いを規制するのです。ここがよく混同されるポイントです）。

仮想通貨はそういう状況でも、金融以外の分野からブロックチェーンの活用が期待されます。

例えば、電力分野でエネルギーを分散管理するという試みもその一つです。ブロックチェーンを活用してピア・ツー・ピア（Peer-to-Peer, P2P）で、個人間で電力取引を行うという考え方があります。これも実現するとあたらしい経済の形が生まれると考えられます。しかし現実は、圧倒的な力を持つ地域電力会社がこれまで莫大な資本を投入してきたインフラに依存するモデルですから、新参の企業がそう簡単に既存の仕組みを変えることは容易ではないと想像できます。

そのため、電力分野におけるブロックチェーン活用は、既存の大企業と若いスタートアップ企業が手を結んで、実証実験を繰り返し一つ一つ間違いのないことを確かめながら進んでいくと考えられます。

それによって段階を経て電力をめぐる経済も変化していくと思われます。何といっても日本は世界でも最高レベルのエネルギー供給技術を持つ国なのです。世界から比べると圧倒的に停電が少ない、素晴らしいシステムを日本は持っています。そして素晴らしいからこそ不満がなく変化は好まないというジレンマがあります。あたらしいことを考えても100点満点じゃないと変化を受け入れられないという領域なのです。

金融に続き電力の分野も時間がかかるとすると、はじめにブロックチェーンの突破口をひらく領域はどこでしょうか？

おそらく商品のトレーサビリティの領域ではないでしょうか。そもそも台帳としてのブロックチェーンの性質そのものが商品などの履歴管理を行う機能とマッチしていそうです。

トレーサビリティの領域においては、より管理を厳格に行う方向に規制が動くことはあっても、反対に管理しない方向に動くことは考えにくいでしょう。この時、厳格な管理を「人海戦術でやる」という古い発想から「技術を駆使して行う」というあたらしい発想に切り替える企業にとって、ブロックチェーンは一助となるはずです。

日本においてはまずトレーサビリティの領域でブロックチェーンが活用され、社会からの理解も進み規制などの問題がなくなった領域に順番にブロックチェーンの活用がヨコ展開していくものと考えています。

これは、あくまで日本においての話です。海外では金融か電力から応用が始まる可能性が大いにあります。

繰り返しになりますが日本では、まずはトレーサビリティの領域がブロックチェーンによる変化を受け入れるでしょう。次に、丁寧に実証を繰り返した後に電力やエネルギーの領域に革新が起こるでしょう。その後、規制当局などの法律解釈の整理もされた段階でようやく金融領域のブロックチェーン活用が始まります。

筆者は、新型コロナウイルスの蔓延が起こる前までは、地道な変革の繰り返しの先にブロックチェーン革命が引き起こされると思っていました。しかしながら、本来20年くらいかかる変化が、わずか数年で引き起こされる可能性が高くなってきています。

この大きく急速な変化を日本から発信し世界にモデルを提案するのか、またはこれまでのように海外で実現されたモデルを日本はあくまで利用者として活用するのかは、私たちにかかっていると思います。

ブロックチェーンの問題は技術ではなく私たちの側にある

だからこそ、ここで筆者が心配しているのは「法制度や政策や社内制度の整備が遅いことによって国際競争に日本が取り残されないか?」ということです。

すでにブロックチェーンの今後の活用領域に日本の制度が非常に大きな壁となって技術の進歩に影響を及ぼしています。こうした時、新技術を規制するのではなく活用する方向での法律策定などは日本より欧米の方が素早く進める傾向が強いのです。そうすると、インターネット革命が米国のシリコンバレーから起きて、ほとんど持っていかれたのと同じことが起きるかもしれません。ブロックチェーン革命においても、米国であたらしいモデルが実現された後に日本に輸入されるというパターンがまたも繰り返されてしまうかもしれません。

日本人や、日本企業はそのサービスの利用者に過ぎないという流れになってしまうことを筆者は非常に懸念しています。

日本にいる人や組織にはブロックチェーンの基盤技術を作れる・応用できる力が確実にあります。実際にいくつかの先端的な事例が本書の2章で登場します。先端的な試みには、抵抗したり時間稼ぎしたりする言い分として制度や慣習を掲げることがしばしば起こり、開拓する努力を諦めさせたり、スピードを遅らせるブレーキになったりすることがあります。そうして、結局インターネットの時のように他国が先に実現したものを日本で受け入れて使わなくてはならないという残念な未来になる可能性が十分に考えられるのです。

5章でまとめているように、すでにブロックチェーンの技術的な問題の多くは解決しつつあり、さらに日本においてブロックチェーン技術者が育ちつつもあります。その結果として、日本においても世界に先駆けるブロックチェーンの活用事例が出てきています。つまり国際的な同時競争において、今はまだ日本も決して遅れてはいません。

だからこそ今の私たちに必要なのはあたらしい技術がもたらす変化を恐れず、素早くしかし着実にこの技術革新を取り入れていくという姿勢そのものなのです。

本書の読み方

本書は、まず続く1章においてブロックチェーンの仕組みとその潜在的な可能性についてのエッセンスを誰にでも分かりやすく説明していきます。

そして2章においてブロックチェーン技術によってすでに実現しつつあるすぐ目の前の未来の事例を紹介します。そして3章はブロックチェーンによるあたらしい経済が広まった先にある未来について考えてみます。

ブロックチェーンについてざっくりと理解しておきたいという方はこの後の1章を読んでいただければよいでしょう。そしてブロックチェーンをビジネスに活用したいという方は2章と3章を読んでいただければよいかと思います。これらの章は具体的な事例に基づいたビジネスへの活用方法を考えていくものになっています。

本書の基本的な部分はこの「序章から3章」に凝縮されています。

その上で、4章では「ブロックチェーンのさわりは分かるが本格的に技術の中身を知りたい」という方向けにブロックチェーンの仕組みを解説しています。

5章ではさらに技術的な問題に踏み込んでいます。ブロックチェーンの課題にはどんなものがあって、それを解決するにはどうしたらよいかを考える章です。

ブロックチェーンを簡単に知っておきたいだけ、ビジネス責任者として理解したい、エンジニアとして理解したい、などによってこの本の読み方は大きく変わると思われます。

ただ、どんな人にとってもブロックチェーンがこれからの時代の必須教養であることには変わりありません。

さあ、未来の見取り図をこれから一緒にみにいきましょう！

1章

ブロックチェーン技術の可能性

ブロックチェーンとは一体何なのでしょうか？

アメリカの企業家ドン・タプスコットはそれを「価値のインターネット」と呼んでいます。現在のインターネットは情報のインターネット、すなわち情報を交換できる基盤を提供しています。これに対してブロックチェーンは「価値を交換できる基盤」を提供してくれるものなのです。

価値の交換基盤が生まれることは本書の2章、3章でも具体的にみていくように、様々なイノベーションを生み出します。とはいえ、ブロックチェーンを価値のインターネットと言い換えるだけでは、多くの読者の方にとって不十分でしょう。

そこでこの章では、ブロックチェーンの仕組み、技術の特徴、現状の世界のトレンドについてみていきます。実は、ブロックチェーン技術は、理系・文系に関係なく、その本質的な部分はすぐに理解できるものです。ブロックチェーンは仮想通貨「ビットコイン」とともに生まれたことからも分かるように、普段私たちが使っている「お金のシステム」との対比から理解できるものだからです。

出発点として、誰かにメッセージ（つまり一方通行のテキストデータ）をインターネット経由で送付する場合と、何らかの価値（例えばお金のように一方通行でないデータ）をインターネット経由で送付する場合との違いを考えてみます。
テキストデータを送る時は、手元にあるデータをコピーして相手に送ることが一般的です。そうすることで相手もデータを入手でき、自分の手元にもそのデータは残ります。相手が受け取れなかったら、何度でも再送してあげることができるわけです。

一方安易にお金をそういったテキストデータと同じようにコピーして送ってしまうと大変困ったことになります。お金のやり取りにインターネットを使っても、手渡しでお金を渡すのと同じように、自分の手元には残さず相手にそのお金、つまり価値が移動しなければいけません。そうしないとどんどん自由に複製できて世の中にお金のコピーがあふれてしまい、お金としての価値がなくなってしまいます。

もちろん現金ではこんなことは起こりません。例えば日本円には透かしやホログラムといった偽造防止の仕掛けがたくさん用いられていることはご存知の通りです。

現金はもう一つ、品物やサービスとの交換が非常に分かりやすく簡単にできるという特徴を持っています。現金は現物（紙幣や硬貨）を渡してしまえばもう交換が済んでしまいます。交換を行うということは「誰がそのお金の持ち主か？」が変わる、お金の所有権が相手に移転して代わりにモノやサービスの所有権がこちらに移ってくるということです。

現金を相手にあげたふりをして実はあげていないという手品のような事態はおよそ不可能です。もらった現金がニセモノでないかは透かしなどの技術によって、使おうとしたその場でバレてしまいますし、精巧な複製の過程を完全に隠蔽することは非常に困難だからです。現金が複製できない物体としての形を持っているおかげで、「誰がそのお金の持ち主か?」という問題を簡単に解いてくれます。その物体としての現金を持っている人が持ち主だと誰もが認めるからです。そのため手品のように同じ現金を2回使う(手渡す)ことはほぼ不可能です。

コピーが不可能であることと、所有者が誰か明確に分かること。これらはどちらも「二重譲渡」「二重使用」と呼ばれる技術面の問題に関わります。

制度面には「通用性」と呼ばれる、持ち主に対して所有する権利と行使する権利を保証する課題がありますが、本章では割愛します。物体としての現金は額面よりはるかにコストが高い技術を使いニセモノを締め出すことでこの問題を解決します。それでは物体ではない電子記録の場合はどうでしょうか?

実は電子記録でこの二重譲渡問題を解決するには2つの方法があります。政府や中央銀行のような中央集権的なシステムの構築と、もう一つ、それはブロックチェーンが可能にした分散型システムの構築です。

《エグゼクティブ・サマリー》

●ブロックチェーンは中央集権的な存在なしに資産などの価値の所有を証明できる情報技術で、参加者の合意に基づいて正しく決済できる分権的な仕組みである。

●これによって、ハッキング（システムへの不正侵入）によるデータ改ざんへの耐性が高まり、先進国のような銀行システムを利用できなかった人が一足飛びにスマートフォン（以下、スマホ）決済や送金ができるようになるなど、様々な社会的メリットが得られると考えられる。

●ブロックチェーンの仕組みにお金以外の契約（コントラクト）をプログラムできる「イーサリアム」というプラットフォームが生まれたことで、ブロックチェーン活用は国内だけでも数年で急激に成長すると予想されている。

〈用語解説〉

P2P方式：あるネットワーク（インターネットなどで繋がった集団）の利用者や参加

者が、誰か特定の人物や機関を介することなく、直接同等にコミュニケーションできるような通信方式のこと。Peer-to-Peer方式の略語。

マイニング：ブロックチェーン上の取引を検査してあたらしいブロックを生成する作業のこと。ビットコインの場合は、マイニングを実施しブロックチェーンの維持に貢献すると、あらかじめプログラミングされた量のビットコインと参加者が自主的に決めた手数料を受け取ることができる。そのため、（金などの）採掘に喩えてマイニングと呼ばれる。なおこのマイニングを行うコンピュータ、またはそのコンピュータを運用する事業者をマイナーと呼ぶ。

PoW：プルーフ・オブ・ワーク。マイナーがブロックチェーンに新規のデータの塊（ブロック）を繋げる権利を競う計算のこと。ビットコインで用いられているマイニングの仕組み。すべてのマイナーに「数当てゲーム」が与えられ、最初の正解者に対してこれまでの記録にあたらしい記録を付け足す権利が与えられるというもの。仕事による証明という意味の通り、1回の処理で答えが見つかる確率が平等な計算をより回数を多く行った装置が優位に立つ。

イーサリアム：ロシア系カナダ人ヴィタリック・ブテリンらによって考案されたブロッ

クチェーンを応用したプログラムを実行する基盤（プラットフォーム）。非中央集権的にプラットフォームを維持するためにイーサと呼ばれる仮想通貨を発行している。
ICO：Initial Coin Offering の略。株式公開を指すＩＰＯとの対比で説明されることが多い。独自の仮想通貨を発行し販売することで他の仮想通貨や法定通貨を得るというあたらしい資金調達の手法。イーサリアムはＩＣＯによってビットコインを調達した。

中央集権的な金融システムは唯一解ではない

現金は二重譲渡が物理的に不可能なことだけを信じて、匿名のまま通用性が保証された制度のもとで運用されています。しかしまさにその特性ゆえに、現金は盗まれたらおしまい、集められた資金が反社会的活動に使われるかもしれない、という別の問題を抱えています。

英国から始まった銀行の仕組みは、最初は余分な現金を持たない庶民には無関係なものでした。ところが先進国の経済成長・銀行サービスの充実によって、余分な現金を持ち始めた庶民が増え、また庶民向けの様々な金融サービスが生まれました。だからこそ多くの人は多額の現金を持ち歩いたりせずに一定額以上のお金を安全で便利な銀行に預けてしまいたいと考えるようになりました。こうして現金から銀行預金の残高、すなわち通帳の数字に化けるわけです。

さてお気づきでしょうか。余分な現金を手放して物体でない裸の数字に変えてしまったら、二重譲渡の問題が発生するのです。

記録上の数字をお金（すなわち現金と同じ）と認めたら、例えばこんなことができてしまうかもしれません。まず、何かを買うという場面で、ある詐欺師が小切手を振り出します。

日本では小切手はあまり使われませんが、要するに銀行の立会い不在でその場で預金を移動させる約束を銀行で定められた紙面に残すわけです。その詐欺師は証拠として最新の通帳の預金残高をみせます。預金は十分にあるようですし、日付も確かで、もちろん通帳も小切手も本物でしたので、売主は安心して商品を渡しました。この取引にニセモノは一切ありません。詐欺師が仕組んだのは一つだけ、売主に対して預金残高の数字が現金に換えることができるお金の量とまんまと勘違いさせたのです。

実は詐欺師はその日に、通帳の残高の何倍もの額の買い物を同じ手口でよそでも繰り返していたのです。通帳の残高以上に支払うお金なんて銀行にはないわけです。売主たちが小切手をお金に換えにいくまでの間に逃げてしまえば詐欺師は通帳の残高以上の商品をまんまと手に入れてしまいます。現実には売主も銀行も慎重に取引を行いますから、安易に小切手を扱いません。しかし、通帳であれ小切手であれ、記録上の数字が本物だとしても現金を手放したら少しの勘違いでこうしたことはありえてしまいます。


キャッシュレスでデジタルなお金が流通するためには、この二重譲渡の問題を解決しなければいけないことがよく分かるでしょう。だからこそ銀行が発行するデビットカードでは銀行口座の残高をその場で確かめているわけです。また、カード会社が発行するクレジットカードでも即時に貸出可能残高を照会するシステムが採用されています。普段の銀行の振り込みにおいて二重譲渡がほとんど存在しないのも、銀行やカード会社などがしっかりと口座の記録の管理と取引記録の管理を行っているからです。

銀行同士ならば全銀ネット、証券であれば証券保管振替機構、国際決済ならば……というように必ず巨大なシステムがこうした記録を安全に保っています。そしてそのほとんどは直接的・間接的に政府の関係する機関であり、中央集権的なシステムです。もともとコンピュータがなかった時代に始まった、預かった現金を人の手で数えて、人の手で数字を帳簿に記録し、その帳簿を人が管理するというプロセスは、通信技術などを使ってオートメーション化が進みました。そのため、人が誰も管理しない仕組みで二重譲渡の問題を無視できる方法など、おおよそ考えつきませんでした。

管理が必要なら、中央の手が届くところにすべてがある方が問題を発見しやすい、中央からすべてを操作できる方が迅速に対応できる、中央さえ突破されないように守りを固めておけば安心だ、と考えるわけです。

でも、取引の安全のためには本当に中央集権的なシステムが唯一解なのでしょうか？中央集権的なシステムに権限や権力を集中させ、決済などの私たちの情報をすべて委ねてしまうことは果たして唯一最善の状況なのでしょうか？

中央集権的な仕組みの弊害については、この章で後々指摘していきますが、例を挙げると重大なプライバシーの侵害を引き起こすリスクや、権力の乱用や多数主導の論理によって中央集権的なシステムから排除されるマイノリティの人たちの問題があります。

こうした問題に挑戦した人物がいました。

サトシ・ナカモト。ブロックチェーンのアイデアと管理者不要の通貨ビットコインを生んだ伝説的な人物です。といってもサトシ・ナカモトはおそらく実名ではありません。個人か団体かさえ謎とされています。

すべてはこの人物から始まりました。

分権的なブロックチェーンはなぜ必要か？

誰かにお金を送る場合、これまでは銀行やクレジットカード会社のような仲介者（お金を集権的に管理する者）が必要でした。

こうした存在が取引の正当性を認証し、身分証や秘密の質問（パスワード）などで人物確認を行い、移動させるお金の計算から通帳の記録までの一切を担っていました。また、最近注目されているキャッシュレス決済も、額面が小さいことを条件に、通信キャリアや流通企業、鉄道会社などが、お金を集権的に管理して銀行やクレジットカード会社の代わりに仲介者の役割を担ってくれています。

もしこうした仲介者の存在がいなくなったとしたら一体誰が預けた資産の存在を証明してくれるというのでしょう？　また、自分がその資産の持ち主であることを誰が認証してお金を送ってくれるというのでしょう？

電話やインターネットの登場により、対面での現金の授受を伴わない取引が主流になっていく現代社会において、こうした仲介者のいない決済は果たして可能なのでしょうか。

これに対して「参加する関係者間で相互に認証・証明ができればよいはずだ」とサトシ・ナカモトは考えました。仲間同士・参加者同士で直接コミュニケーションを行うことをネットワーク通信の用語で「P2P方式（ピア・ツー・ピア方式）」といいます。Peerとは「仲間」を指す英単語です。この仲間同士の相互協力方式を使って関係者全員が共通の台帳のコピーを所持できるプログラムを開発しました。

中央集権的な存在を前提としない、仲間同士の分権的なシステムの誕生です。前記の特徴から分散型台帳技術とも呼ばれます。これがブロックチェーンの中心となる考え方です。「分権的なブロックチェーンはなぜ必要か?」という問いへの最も重要な答えがここにあります。サトシ・ナカモトは、できることなら直接的に相手と取引がしたいからブロックチェーンを発明し、同じ意見を持つたくさんの人が、仲介者のいない取引を望んでいるから分権的なシステムが必要とされたのです。

ブロックチェーンとは何かをイメージで表すと、分散型の台帳です。最近では見なくなった電話帳のような分厚い冊子状の帳簿が、寸分違わずに複写されて世界中に配られているイメージです。

誰の許可も得る必要がなく電話帳のように自由に閲覧することができるのです。このイメージを技術的にシステム化して説明すると、ノードと呼ばれる仲間（コンピュータ）同士でそれぞれ完全に同期されたデータベースを持ち合います。そしてお互いにそのデータベースが決められたルール通りに構築されているかを検証し合うのです。実はどんな人でも、「ビットコイン・コア」と呼ばれるソフトをダウンロードすれば、今日からビットコインの完全なノードになってデータベースを検証することができます。

実際に個人や企業などが所有するおびただしい数のコンピュータがビットコインのノードになっています。しかも、そのノードを動かすソフトウェアのプログラムはオープン・ソースといって、誰でもインターネット上から自由に取得することができます。ノードがどういう原理で動いているのか、誰でも完全に把握ができ、データベースだけでなくプログラムさえも検証することができるのです。ここにも分権的な考え方が息づいているのです。

しかしこのような分権的・分散的なシステムがこれまでの集権的なシステムを抑えて社会に本当に必要とされるのでしょうか。

1つ目の注目ポイントは中央集権的な銀行がほとんど機能していない地域にあります。銀行や政府の職員の代わりになるということです。日本では信じられないことですが、アフリカなどの一部の地域では、預金がある日突然没収されたり、元からなかったことにされたりすることが頻繁に起こっています。ブロックチェーンは、こうした地域の人々に対しても公平に世界中と取引できる機会を与えることができます。

2つ目の注目ポイントは分散的なシステムのハッキングに強い性質にあります。

一般的なコンピュータ・システムは管理者の特別なアクセス権がハッキングされた（盗み出された）時の被害は甚大です。あるいは重要な役割のコンピュータが処理不能な状態に陥れられた時もサービスを続けることができなくなります。これを「単一障害点」と呼ぶなどしますが、ゲーム理論的に中央集権的なシステムは明確な攻撃の意思を持った者から集中的に攻撃を受けやすいというリスクがあります。そのために何層もの防御壁を作ったり、居場所が割り出されないように情報操作をしたり、合戦好きの方にはお馴染みの戦術をいくつも必要とします。

これに対して、分散的な理想のシステムは、どこかで障害が起きても、その役目を完全に引き継ぐモノが、攻撃を受けていない別の場所に誕生します。これをブロックチェーンに当てはめて説明すると、攻撃の意思を持った者は、単一のノードを停止させても他のノードが役目を引き継ぐため、全部のノードをハッキングする必要があるということになります。一つのノードがハッキングされても全体に影響はありません。つまり第一障害点がなく、ブロックチェーンは攻撃に強い分散的なシステムなのです。

3つ目の注目ポイントは資産の移転や決済の審査業務の高速化・手数料の削減効果にあります。分権的なシステムは役割を独占できないため、多くの利益を追求して誰かが勝手に手数料を吊り上げるなどはできません。また特別な役目の誰かが一人で繰り返し何重にも確認を行うわけではないため、審査を短縮できます。つまり原理的には決済業務全体を最適化できる可能性を持っています。

最後の注目ポイントは私たちのプライバシーが侵害されるリスクの軽減にあります。現在、銀行やカード会社は私たちのプライベートな情報を多く保持しています。資産額から趣味嗜好《しこう》まで、私たちの様々な活動に介入する銀行やカード会社には個人が特定されて、すべてお見通しです。ブロックチェーンではデータベースを共有していますが、どこの誰かというようなことは意識せず取引を行うことができます。集権的なシステムから与えられた個人の識別（ＩＤ）によって集中的に情報を管理するわけではないため、こうした個人的な情報を明かさずに取引を行うこともできます。

このように、ブロックチェーンには様々なメリットがあり、しかもこれは仮想通貨・暗号資産の用途に限られるわけではありません。次にみていくように、もっと大きな可能性を秘めているのです。

ブロックチェーンが可能にすること

ブロックチェーンの登場によって、あらゆる地域に住む人々が直接価値のやり取りをできるようになりました。これは人類史に残る出来事です。

例えば、国交がなかったり安定した銀行の仕組みが存在しなかったりする地域で活動する天才画家から絵を購入して、代わりに仮想通貨を送金して活動を支援するようなことができるかもしれません。あるいは、不動産登記のシステムの整備が遅れ、権利の所在が曖昧な国においては、ブロックチェーンの導入によって不動産売買を活性化させることができるかもしれません。

経済の成長に関してだけでなく、恵まれないこどもたちにとっても、これまで大きな団体経由でしか寄付ができなかった状況が一変するかもしれません。日本からアフリカまで個々人が直接寄付をし、さらに寄付者がその使い道を指定して、不正な中抜き行為を排除して、きちんとした使い道でなければ支払いができないようにすることもできるようになるでしょう。

またクリエイター（知的創造の活動家）を支援するあたらしい仕組みを作ることもできるかもしれません。

小説や記事などの著作物とその権利をブロックチェーン上で管理することで合法／違法が明確に区別されて、権利を侵害する不正コピーを防ぐことができるようになります。クリエイターのファンたちは意識することなく著作者の権利を保護しながら、適正な値段のお金をブロックチェーン上でやり取りし、二次創作ならいくら、映画化ならいくらというように、著作者に分配される自動契約のシステムを搭載することもできます。これは「スマートコントラクト」などと呼ばれますが、こうした仕組みによって知的財産権を守ることができるわけです。ファンが支払ったお金はクリエイター本人へと直接移転されますから、不当に仲介者に搾取されることがありません。

同様に科学者や技術者なども発表した論文が引用される度にこうしたシステムによって公正な報酬を得られる時代が来るかもしれません。

プライバシーが守られるということは、自分の情報は自分の意思で管理できるということです。銀行やクレジットカード会社だけではなく、グーグル、アップル、フェイスブック、アマゾンといった企業もまた私たちの個人情報の多くを握っています。そして、それらの企業が収集した情報は広告へと利用され、私たちの知らないところでお金に換えられています。こうした情報は、インターネットが拡大する最中には、利用者にとって取るに足らないものと考えられて個人の所有権が無視されていました。しかしプライバシーの重要性を認識した今、ブロックチェーンによって、それらの情報をもう一度自分たちの所有物にすることができるかもしれません。

私たちは普段インターネットを使って、メールを送信したり、買い物をしたり、友達に向けて何かをつぶやいてみたり、音楽を聴いたりしています。こうした行動はデータ化されて巨大企業のコンピュータに蓄積され、マーケティングに活用されるのを待っています。

こうした行動データを特定の企業の中に保管せず、ブロックチェーン上で分散的に扱うようにできたらどうでしょうか。ブロックチェーン上ではすべてを匿名にしておいて、例えば選んだ企業にだけ情報を活用してもいいという意思表示をする代わりに割引を受けるとか、買い物履歴のうち特定の商品の売買だけは内訳を分からなくするなどといったことが可能になるかもしれません。

自分に関するデータが真に自分のものとなる時代が近づいてきているのです。

ブロックチェーンの規模

それではブロックチェーンは現在どのくらいの規模で動いているのでしょうか。

ある試算によると、ブロックチェーンを活用した代表的な仮想通貨であるビットコインのブロックチェーンだけでも、グーグルが世界中で持つコンピュータの10倍以上のコンピュータが動いているとされています。

これらのコンピュータはブロックチェーンのネットワークに参加してマイニングを行っています。マイニングとはブロックチェーン上で行われた取引の検証作業のことで、マイニングを行うものをマイナーといいます。マイナーがマイニングをしてブロックチェーン上のあたらしい取引を検証しつつ取りまとめることで、ブロックチェーンは維持されます。

前の記述でブロックチェーンの参加者（ノード）は完全なデータの複製を持つといいましたが、これらのデータの集合体は「ブロック」と呼称される塊が数珠状に順番に繋がっている構造になっています。およそ10分間隔で1ブロックずつ作られ、基本的にはその前の10分間に発生した取引があたらしいブロックに含まれます。この時、新しいブロックを作るノードを決めるために、数当てゲームの計算競争を行います。

答えを最初に見つけてブロックを検証したマイナーには報酬が与えられます（より正確には自分で自分宛に報酬を送金することをブロックに書き足します）。マイナーが取引の検証作業で得られる報酬は、ビットコインであれば、あらかじめプログラムされている一定量のあたらしいビットコインと、誰かに送金したい参加者が所有する発行済みビットコインから自主的に設定した送金手数料です。

ブロックは前のブロック、その前のブロック、その前の前の……というように繋がれ、ブロックの鎖（チェーン）が伸びていきます。そして仮にチェーンが分岐しても、どちらか長い方が「正しい」とされます。そのため、もしこのシステムを改ざんしたいならば、次々と伸びていくこのブロックの連なりを、自分以外のどのコンピュータよりも速くマイニングを成功させ、一つずつブロックを作り直して繋げていく必要があります。あまりにも途方もない計算が必要で、成功率が決して高くないため、改ざんのメリットはまず得られないでしょう。

これこそがブロックチェーンの革新的なアイデアであり、ゲーム理論に基づいて改ざんを事実上不可能にする仕掛けの基礎となる考え方なのです。

プログラムのためのブロックチェーン：イーサリアム

このように様々な可能性を秘めていて、すでにビットコインによって社会での実用性が証明されているブロックチェーンですが、本格的な活用はこれからといった状況です。

実際に、２０１９年5月22日に日本経済新聞において報じられた矢野経済研究所の調査によると、ブロックチェーンの日本国内での活用は２０１９年時点で１７１億円ほど、しかし２０２２年には日本だけで１２３５億円ほどに成長すると目されています。

これからの数年間で7倍以上の成長が見込まれている分野なのです。

そしてブロックチェーンが本格活用される時代の到来を「イーサリアム」抜きに語ることはできません。

イーサリアムとはブロックチェーン技術を基盤とする仮想通貨システムの一種であると同時に、内部で他の新しい仮想通貨を誕生させるプログラムを実行できる仮想マシンでもあります。例えば企業専用の仮想通貨を発行したいとか、何かの情報をブロックチェーンに残したいといった要望に、ビットコインを応用するよりも簡単に開発できるように作られています。

このように「プログラムが容易に作成可能な」ブロックチェーンの代表格がイーサリアムです。

イーサリアムが登場してからたくさんのあたらしい仮想通貨が生まれました。それとともにいわゆるＩＣＯ（Initial Coin Offering）という新たな仮想通貨を発行して資金調達する手法も一般的になってきました。そもそもイーサリアム自体が実はビットコインを用いたＩＣＯによって誕生したブロックチェーンでした。

すでに紹介したスマートコントラクトの仕組みもイーサリアムによって構築すること

ができます。スマートコントラクトとは一定の条件を設定しておくと、その条件を満たした時に契約が自動的になされ、決済までをワンステップで行えるというものです。

例えば次のようなこともイーサリアムを用いれば可能になります。まず、起業家は製品コンセプトを提示して新たな仮想通貨を発行します。製品コンセプトからいくつかの仕様をその仮想通貨を持っている人たちに提案し、発行した仮想通貨を使って投票してもらって、得票数によって開発する製品を決定し、投票者と売買契約を締結します。そして、製品が完成し投票者の手に渡ったところで契約した通りの報酬が起業家に自動で支払われます。一連のプロセスをすべてスマートコントラクトで実行できるのです。

このようにイーサリアムの登場によってブロックチェーンはより使いやすいものになりました。２０１８年11月にはイーサリアムでのプログラミング入門書『*Mastering Ethereum: Building Smart Contracts and DApps*』が出版され、その日本語訳版である『マスタリング・イーサリアム：スマートコントラクトとＤＡｐｐの構築』（オライリー・ジャパン）も２０１９年11月に日本で出版されました。ブロックチェーンは誰もが取り入れることができるものへと変化してきているのです。

特に海外では、アーティストがイーサリアムで自己の作品を管理するプラットフォームを作るなど、先進的な事例が出てきています。ただし、ブロックチェーンの活用においては日本も負けてはいません。日本にも先進的な事例が数多く存在しています。

これまで、ブロックチェーンが世界を変えつつあるという話をしてきました。今回の新型コロナウイルスの蔓延により、突如として私たちの生活に大きな変化が訪れました。ブロックチェーンはお金の流れを変え、さらに色々な分野にこれからも大きな影響を与える可能性があります。

だからこそ着実に取り組む必要があるのです。

続く2章において、日本発のそうした先端事例を紹介していきます。

2章

ブロックチェーンの社会実装事例

ブロックチェーン革命がドラスティックに進展しない背景に規制や法律の問題があります。

政府や官公庁は消費者（国民）の安心・安全を守る義務があると同時に、携わる人の職務としてもめ事を引き起こす恐れがあることや、労力を強いられることは避けたい気持ちも当然にあるため、まずは防波堤を築くように水際での規制を強化する方向に考えが向きます。

しかし、あたらしい試み・イノベーションを起こそうという段階で、従来の法律に合わせる議論を続けていては前には進めません。

日本の場合、先に法律を整備する段階から入ろうとすると、感覚値として最低でも2年くらいはかかりそうだと考えられます。この「2年」というのは技術の進歩としてはとてつもなく長い時間です。パソコンでもスマホでも2年経つと新機種がふた回り出てくるほどです。

とはいえ、こうした難しい問題を乗り越えることで、次の世界観が生まれてくることが予想されます。難しくてもやりがいのある分野ともいえるかもしれません。この本のテーマでもある「あたらしい世界とあたらしい経済」が生まれるかもしれないのです。トークン・エコノミーやシェアリング・エコノミーという次の世界はもうすぐそこかもしれません。

しかもその未来の一部はここ日本において先端事例として存在してきています。日本は決して諸外国に後れをとってはいないといえます。

そこでこの章では、こうした先端事例を紹介していき、これからのブロックチェーン活用とあたらしい経済の形を考えるヒントを得ていきます。

《エグゼクティブ・サマリー》

●すでに日本でもブロックチェーンを活用した企業変革・社会変革の実例が出てきている。
●企業や地域オリジナルのコイン、電力の産地価値保証、トレーサビリティ、環境問題、契約の自動化など多岐にわたる分野にブロックチェーンは変革をもたらしうる。
●とはいえ、技術変革に合わせて社会制度・組織制度などの変革が今後求められていく。

〈用語解説〉

地域コイン：地域・地方自治体やその地域向けに企業や自治体などが発行する仮想通貨のこと。地域通貨ともいう。

企業コイン：企業が発行する仮想通貨のこと。企業通貨ともいう。

トレーサビリティ：モノやサービスが「どこからきてどこにいくのか」という流通・供給経路を追跡すること自体や、その追跡可能性を指す。

タピルス：本書の著者である株式会社chaintopeが開発した日本発のブロックチェーン・プラットフォーム。イーサリアムのようにブロックチェーンを使ったプログラムを動かすことができる上、管理方式も自由にカスタマイズできるという特徴を持つ。

マサチェーン：本書の著者である株式会社chaintopeによるブロックチェーン構想。ブロックチェーンによって人と人との関係性の可視化を行い、あたらしい経済をひらくことを目的としたシステムの総称。

先端事例——①地域コイン・企業コイン

地域コインとは特定の地域や自治体で利用ができる仮想通貨です。

現在ブロックチェーンを活用してその地域独自のコインを発行する実証実験が日本でも多く行われています。

株式会社筑邦銀行は「常若通貨」を2019年に発行し、2019年8月に開催された宗像国際環境会議にて来場者にその地域コインを配布しました。ユーザーはその地域通貨を地元のお店やアクティビティに利用できる仕組みです。

株式会社カヤックは神奈川県で地域コイン「まちのコイン」の実証実験を実施しました。鎌倉市内のビーチクリーン活動などの地域活動に参加することでユーザーはコインをもらえ、そのコインは加盟店などで利用できる仕組みです。

このように地域経済の活性化を主な目的として、日本国内でもここ数年で多数の地域コインの実証実験が実施されています。通貨の発行体は前述の通り、その地域の銀行や

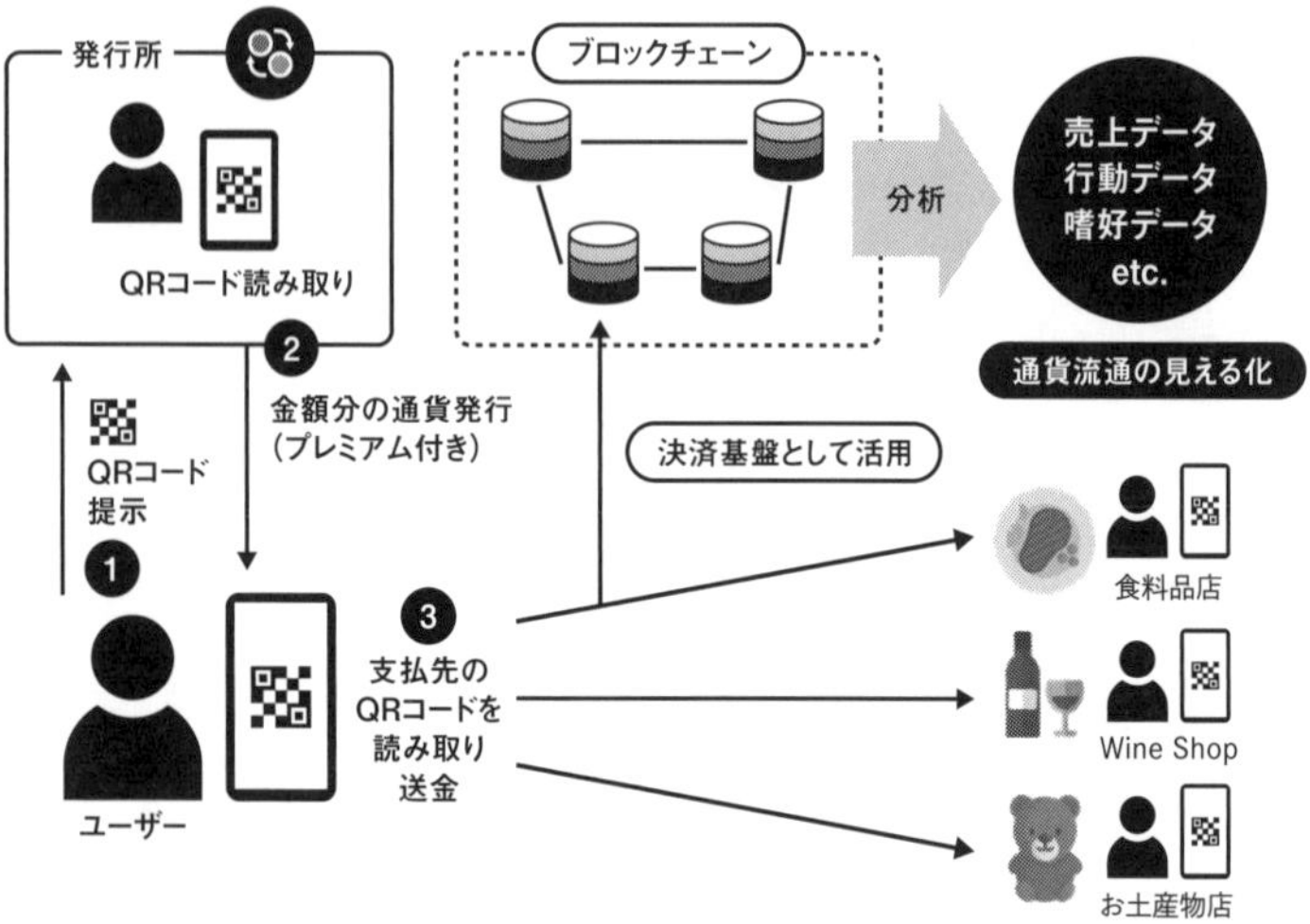

QRコードは㈱デンソーウェーブの登録商標です。

企業など様々です。また今後は地方自治体自身が発行するような可能性も十分にありえます。

法律が整備されれば地方自治体がＩＣＯやＳＴＯ（Security Token Offering）などで資金調達をし、地域コインを発行するようなアクションも起こってくるかもしれません。

この地域コインに近い事例として、企業が自社サービスの顧客向けに発行する「企業コイン」もあります。そして「企業コイン」には従業員向けに企業が発行するコインもあります。

ＳＢＩホールディングス株式会社は２０１８年にブロックチェーンを活用した「Ｓコイン」の実証実験を行いました。この企業コイン「Ｓコイン」は、スマホ上でチャージ・決済ができる社員向けの決済用コインです。実証実験はＳＢＩグループ社員を対象に実施され、社員はクレジットカードでのチャージや自動機による現金でのチャージが可能になり、チャージしたコインは同社が入居するビルの飲食店で利用できる仕組みでした。

その他、現段階ではブロックチェーンを使っていないサービスも多いですが、まさに仮想通貨などから発想を得たと思われる、社員のモチベーションアップや評価のために企業内で「企業コイン」を発行できるサービスも多数生まれてきています。

そして社員だけではなく企業がグループ企業などで利用できる「企業コイン」などを発行することができれば、また新しいメリットが創出できます。大企業の中には子会社・関連会社だけでも何百という数を数える場合があります。こうした関連会社であったとしても、当然企業間では取引において多くのお金がやり取りされます。お金がやり取りされるということは銀行振り込みなどの手数料がかかるということです。それにグループ企業で利用できる共通の「企業コイン」を使えば、グループ企業間の送金のコストを大きく削減することもできるのです。もしかしたらそういった企業コインがグループ企業からどんどん外の取引先に広がっていき、特定の地域でも利用できるようになり、地域コインとして拡大していくような将来もあるかもしれません。

先端事例――②コミュニティコイン

ブロックチェーンを使えば特定のコミュニティ内でコインを発行することができます。企業コインも特定企業が構築する経済を伴うコミュニティ向けのコインといってよいかもしれません。コミュニティという言葉は様々な場合に当てはまりますが、本事例では共通の価値観を持った人の集まりをコミュニティと定義します。

コミュニティの多くは参加者の興味や熱量によって構築、維持されます。特定の事柄やチーム、遊び、技術などのファンがコミュニティを発展させます。

自身が興味のある音楽を薦める、面白いスポーツに誘う、地域のお祭りに呼ばれる、自ら技術イベントを開催するなどです。

コミュニティには金銭などの利害関係がないことを望んでいる面があります。しかし、そのコミュニティに対して貢献している人を尊敬したり、他者と比較し貢献できているか競い合ったりする傾向もあります。

このように、コミュニティ内に存在するお金に置きかえることのできない価値を表現できると、よりコミュニティが活気づくのではないでしょうか。コミュニティコインはこのようなシーンでこそ活躍する仕組みでしょう。

コミュニティコインが存在することでどのようにコミュニティは活性化するのでしょうか。コミュニティには複数の人が所属する場合が多いですが、以下のようなタイプに

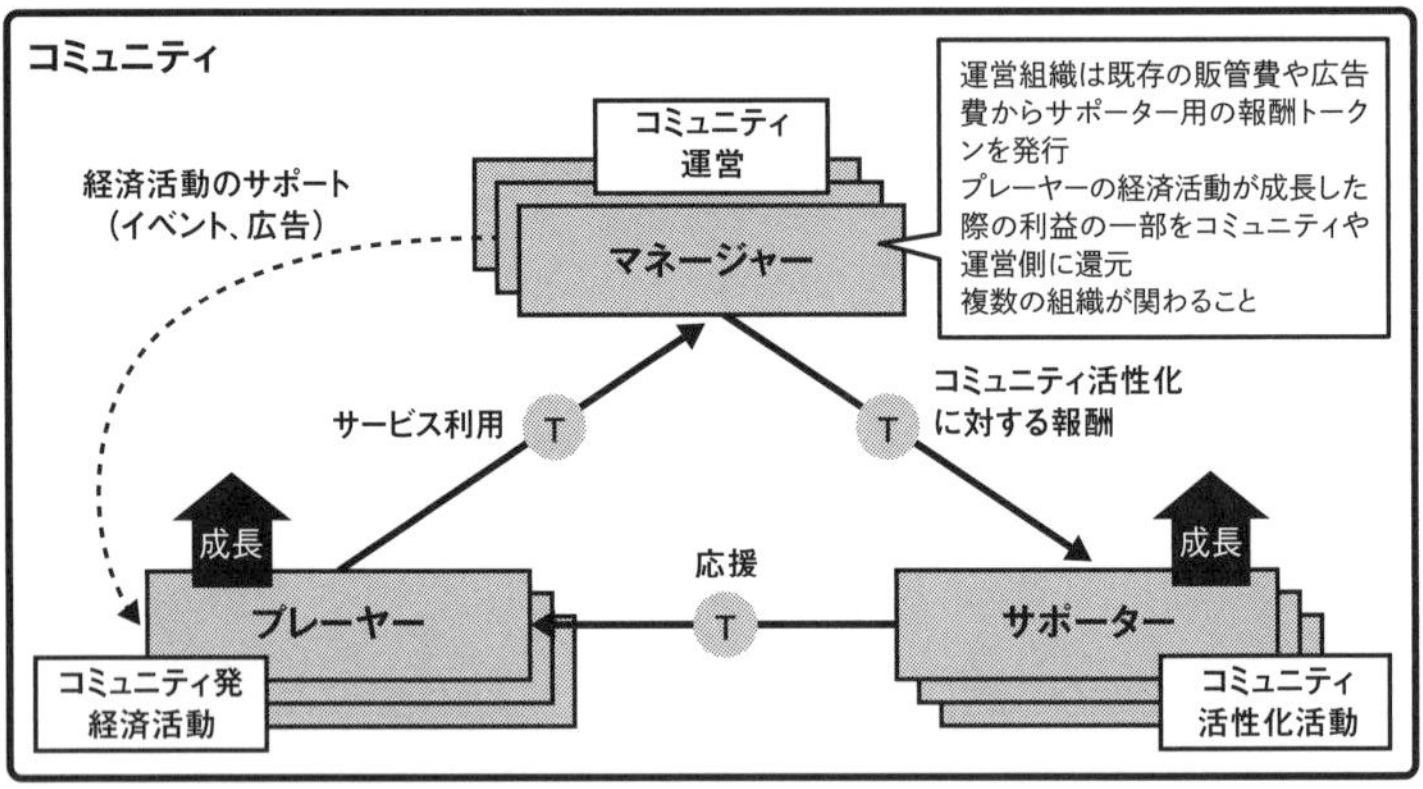

トークン発行の仕組み、プロトコル設計、プログラマブルなトークン設計が可能

分類できると考えています。

1つ目は「プレーヤー」です。そのコミュニティの核たる活動を行っている人を指します。スポーツであれば選手を、アイドルグループであればメンバーなどです。そのコミュニティの花形、またはそれを目指す人で、一番目立つ立ち位置となります。

2つ目は「マネージャー」です。言葉通りプレーヤーをマネジメントするだけではありません。コミュニティ全体をどのような方針とするのか、初心者向けにイベントを開催しよう、など企画検討や実施なども含めてよいと思います。コミュニティコインの運営をするのもマネージャーが役割を担うことが多いでしょう。

3つ目は「サポーター」です。この役割がコミュニティ活性化には不可欠です。サポーターにも様々な役割がありますが、その中でもエバンジェリストとしての役割が重要であると考えています。口コミで仲間を広げたり、ボランティアでイベント運営に参加したり、マネージャーの役割を担うこともあるでしょう。いわゆる熱狂的なファンです。

マネージャーがコインの発行から利用までのデザインをし、サポーターが広報活動や、プレーヤーのサポートをすることでプレーヤーの活躍の場が広がり、経済的な成果が生まれ、その成果をマネージャーやサポーターに還元します。これによりコミュニティコイン自体に経済的価値を持たせずとも、各自がコミュニティに貢献した度合いによって

新しい価値の見える化／地域ごとに特徴を出し、関係人口を増やす

地域内の生活に、不自由なく利用できる地域通貨を流通させて、消費循環を予測可能にし、ビッグデータを分析して成長するビジネスモデルをデザインする。法定通貨では難しい、感謝・応援・共感などの気持ちを「色をつけて」相手に渡すことができる。

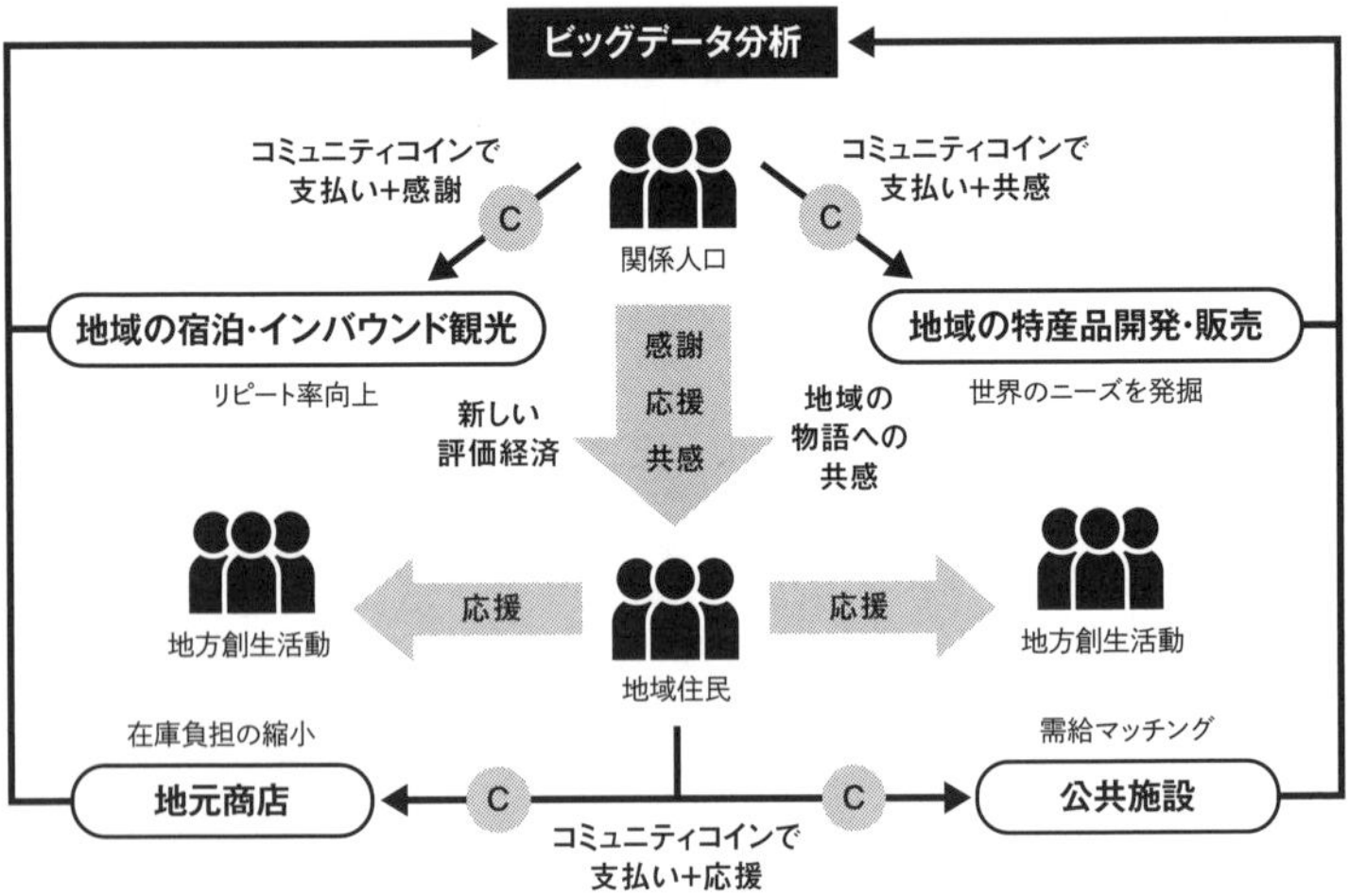

リターンが返ってくるデザインも可能になるのです。

なお福岡県飯塚市では、私たち株式会社chaintopeがコミュニティコインの発行で集めた資金によって古民家を再生し、そこにサウナを作るという「サウナトークン」計画があります。

コミュニティコインで古民家やサウナを使えるようにするあたらしい試みです。

先端事例――③電力の産地価値証明

電力業界でも昨今はブロックチェーンの活用が盛んです。よくある事例はPeer-to-Peerの電力売買、いわゆる個人間での直接売買の実験などです。

またそれらと違う新たな取り組みとして関西電力では電力の産地価値をブロックチェーンで管理するという面白いプロジェクトも始動しています。

電力には多くの付加価値が存在します。例えば、環境価値という考え方は電気が再生可能エネルギーで発電されたかどうか、という観点で判断されます。日本の場合は非化石証書という概念を国が定め、厳格なルールのもとで認定され流通が認められています。

これに対し電力にはいわゆる産地価値もあると考えられます。例えばこの電気は福岡県飯塚市で発電されたので「飯塚産」の電気ですという概念です。しかしこの価値は目にみえないため、もしこの産地価値のある電力を持っていないにもかかわらず、不正にたくさんの人に販売しよう、と考え偽装したり、二重に販売したりすることができてしまいます。

そこでブロックチェーンに産地価値というみえない価値を記録することで「この電気は本当に飯塚で発電されたという証明」や「二重に販売していないことの証明」などの活用が検討されています。確実に二重利用（ダブルカウント）を防ぐことができるなら、電力の消費者は安心して産地価値を取引できるでしょう。

関西電力は、発電した電気の産地価値をブロックチェーンに記録することを仮定した場合に、記録された産地価値を別の電力小売業者など外部のシステムとの連携も視野に入れています。連携先がブロックチェーンを使っていると仮定し、公開されているチェーン、いわゆるパブリックブロックチェーン同士での価値交換を見据え、最新技術を用いた先進的な実証実験を実施しています。パブリックブロックチェーン上で運用される仮想通貨同士を交換するアトミックスワップという技術を応用し、産地価値の移転を実

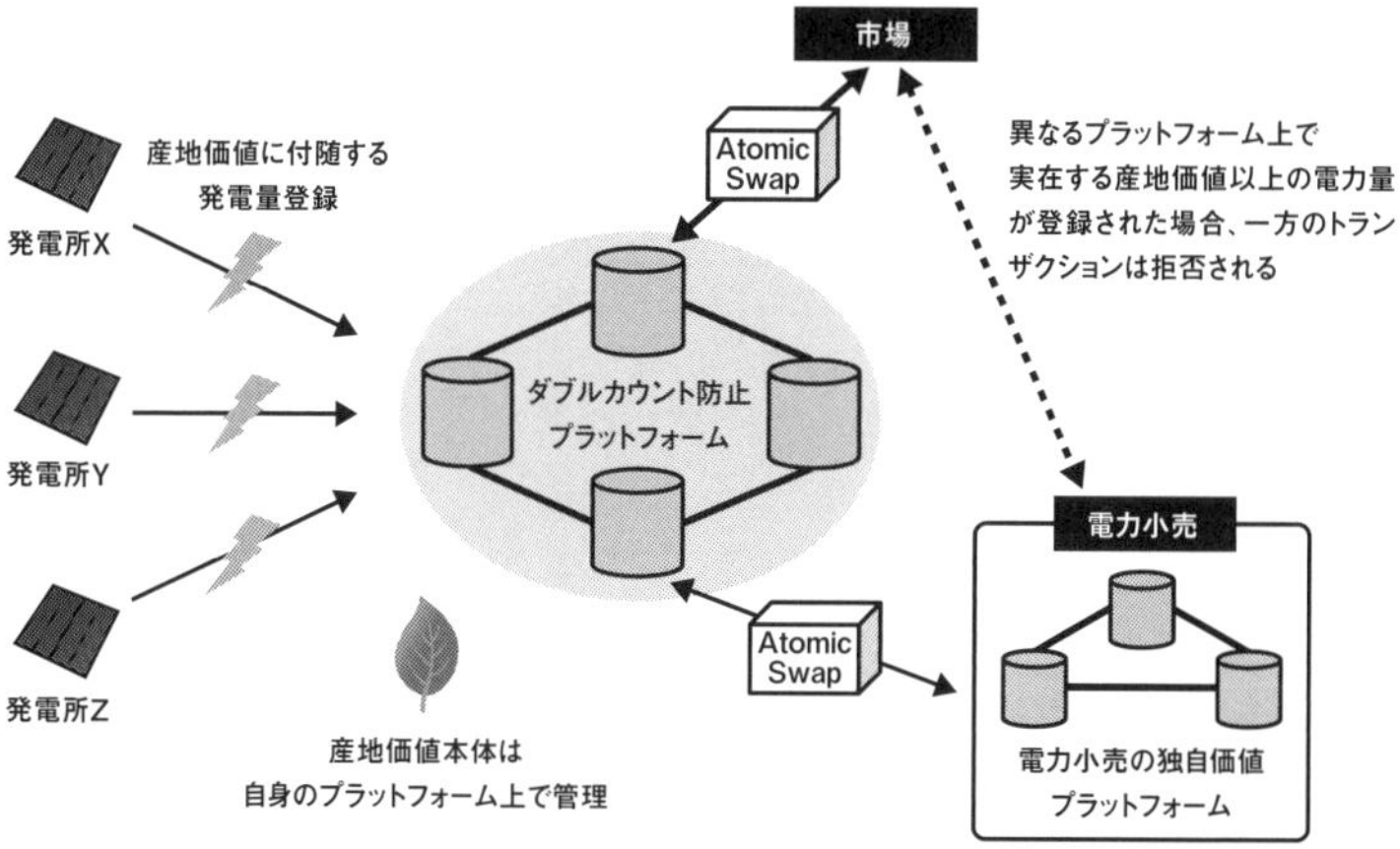
市場
Atomic Swap
異なるプラットフォーム上で
実在する産地価値以上の電力量
が登録された場合、一方のトラン
ザクションは拒否される
産地価値に付随する
発電量登録
発電所X
発電所Y
発電所Z
ダブルカウント防止
プラットフォーム
電力小売
Atomic Swap
電力小売の独自価値
プラットフォーム
産地価値本体は
自身のプラットフォーム上で管理

現しているのです。

先端事例——④サプライチェーンのトレーサビリティ

サプライチェーン上のトレーサビリティに関する取り組みの一例として、ＡＥＯＮ ＡＳＩＡ（当時）とchaintopeがマレーシアで行っているプロジェクトがあります。

このプロジェクトでは偽造品の防止や食品や食材が、どこで作られ、どうやって運ばれて、誰が販売しているのか、を明確にするというアプローチです。例えばマレーシアではムスリムの方が多く、ハラルにおいては食材のトレーサビリティは今後に役立てることが期待されます。

また、グローバルな環境で急速に成長する経済の中で、安心という付加価値に注目が集まっています。例えば日本では狂牛病への対応や商品の品質の維持において原材料の管理を重視しておりますが、発展著しいＡＳＥＡＮ各国ではサプライチェーンが十分に確立できていないことが多いです。そこで、こうした要望に応える技術としてトレーサビリティ分野でのブロックチェーン活用が進んでいます。
ＡＥＯＮ ＡＳＩＡ（当時）がマレーシアのイオングループ会社と実際に検討している実証内容として「医薬品の偽造品流入の検知や正規品の証明」や「育児用ミルクの流通経路の可視化による消費者の消費行動変化」という具合に、対象商品の選別とその仮説について議論が行われています。

海外では、スーパーなどで生鮮食品を選ぶ際も、生産地を確認する方法がないためにどこで作られたか不明な食品を受け入れざるをえない状況もあるという声を聞きます。そうした状況において、少し高くてもトレーサビリティ情報を確かめることができる、安心な食品にお金を払うということが実際に起きています。例えば、こどもに食べさせるものは安全な食品が良い、という価値観はイメージしやすいでしょう。

このプロジェクトには国際的な商品コードの標準化を推進するＧＳ１のマレーシア支部も参画しており、商品の識別にＧＳ１規格のコードを使用する方針です。国際規格が使用されることで関わる企業も同一の規格で商品の受発注などが可能となるため、在庫管理や賞味期限の管理など業務の効率化に繋がる可能性も秘めています。ブロックチェーンを用いたトレーサビリティプラットフォーム「Paradium（パラディウム）」はＧＳ

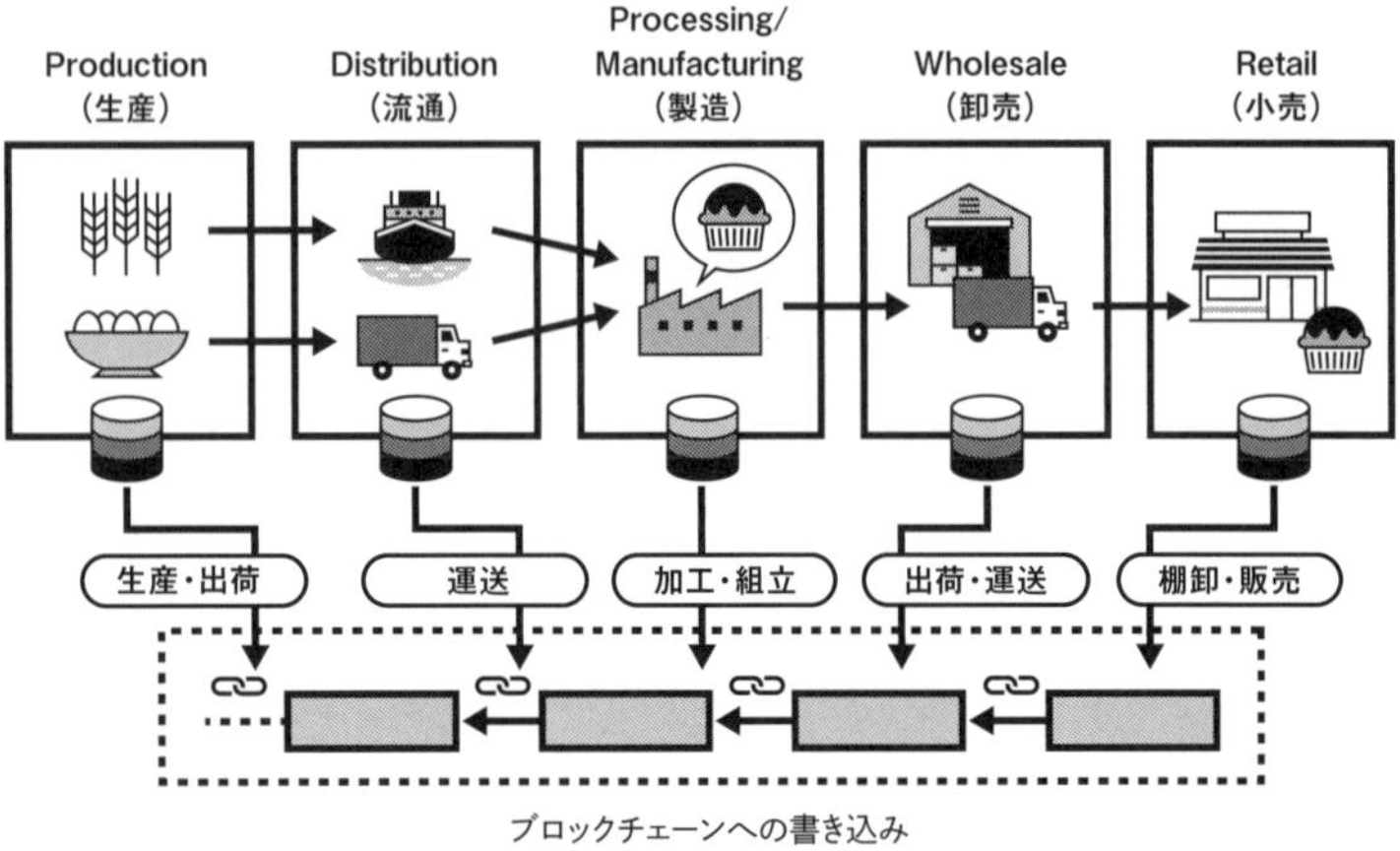

End-to-Endのトレーサビリティで、
サプライチェーンに信用と安全をもたらす!

1規格にも対応しているため、本プロジェクトで採用されています。

日本国内でこの分野のブロックチェーンの活用の可能性がないかというと、そうでもありません。日本の食品や加工品は海外で非常に人気なものも多いです。人気があるということは、偽造されることも多いということです。日本発であることをブロックチェーン上で証明することで、海外でも安心して日本の食品や加工品を手にとってもらえることでしょう。また、食品のみならず、中古品の市場でもその製品がどこでどのように扱われ、点検され、どのような経緯や販売網によって届いたのか、といった情報は個人のみならず仕入れに関わる企業も含めて求められていくでしょう。

先端事例――⑤
二酸化炭素排出削減量の可視化とカーボン・オフセット

気象情報を取り扱う株式会社ウェザーニューズもまた、ブロックチェーンを活用して

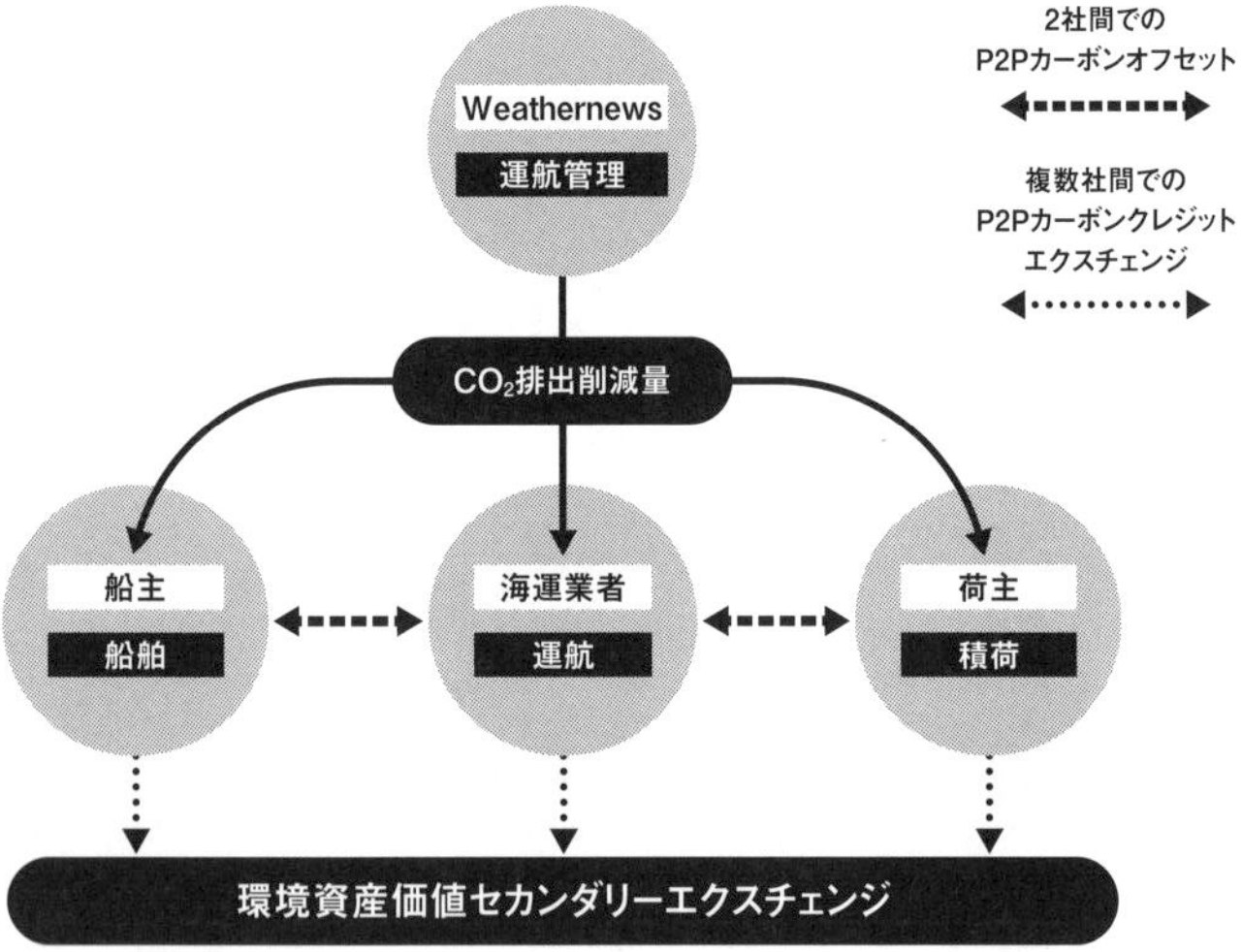

「マリンカーボンブロッキング」サービス概観

(Powered by Tapyrus Blockchain)

あたらしい取り組み「マリンカーボンブロッキング」サービスを始めようとしています。

ウェザーニューズは全世界の気象情報を基に世界中の船舶の運航管理を行っており、業界を代表する会社です。ウェザーニューズは船舶の安全な運航を第一に、航海の際の安全なルートを高い技術力と豊富なノウハウで提供しています。安全なルートというのは時には燃費の良いルートともなり、地球規模でみた場合に気象情報に基づいて運航ルート情報を提供し、そのルート情報に各船会社をはじめとした関係者が協力することによって、二酸化炭素の排出量の削減が可能となります。

現在でもすでに二酸化炭素の排出量は削減できているのですが、ウェザーニューズをはじめとした関係者の努力は具体的に見える形で表現できておらず、運航した船会社や、彼らを選んだ積荷会社、船舶の保有者である船主、運航ルートを提案した気象会社などの、削減に貢献している企業に還元されていませんでした。そこで各社が地球にどれだけ貢献しているかという価値を、貢献度に応じて成果を可視化しようという試みが始まっています。

この試みは業界全体の流れの先頭を走る取り組みです。海運業界には国際海事機関（ＩＭＯ）があり、この機関が２０５０年までに二酸化炭素排出量を（２００８年と比較して）50％に削減すると目標を設定しました。そのため海運業界では現在二酸化炭素排出量をどのように削減するかが中長期的な課題であり、今後世界的にも削減の流れが確実に進んでいきます。

この流れの中で、ウェザーニューズは二酸化炭素排出の削減量を蓄積されたデータと独自のノウハウで測定し、ブロックチェーン上にコイン（トークンなどと呼ぶこともありますが、ここでは誤解を恐れずにコインと呼びます）にして記録し可視化すると発表しました。

これから二酸化炭素の排出量削減はより一層高いレベルで求められ、排出可能な二酸化炭素量の制限などの枠組みが作られた際に、このコインは真価を発揮することでしょう。例えば特定の船会社が基準値の削減量を達成できない、といった事態に陥るシーンも容易に想像できます。その時に、いわゆる排出権取引のようにウェザーニューズが記録したコインを多く所持している企業、すなわち環境に貢献している企業の持つコインを購入し、排出量の削減を達成したと表現できるかもしれません。

このコインは海運業界のみならず、他業界でもカーボン・オフセットとして利用可能なコインになる可能性を秘めています。このような二次流通市場も見据え各社が賛同し協力することで、それぞれが納得できるルールの上で納得できる量のコインを獲得することができる、そして、透明性を持って運用するためにブロックチェーンという技術は非常に親和性が高いと感じます。

今までに可視化されていなかったものを可視化することで価値化するモデルの一例で、他業種や異なる無形資産が今後同様に可視化されることでしょう。

先端事例――⑥ 不動産の権利管理

次は不動産の権利移転についてです。

不動産・住宅情報ポータルサイトを手掛ける株式会社ＬＩＦＵＬＬ（ライフル）が空き家や所有者不明の不動産をパブリック・チェーン上に書いて権利化するという実証実験を発表しました。不動産登記をブロックチェーンに置き換えるだけではなく、不動産の権利移転の途中段階の業務に関する「所有者の明確化問題」に一石を投じる取り組みです。

不動産を取得する時には登記手続きの費用がかかり、それから税金を納めなければなりません。所有者が亡くなった場合など誰かが不動産を相続する場合は、登記の変更費

空き家や所有者不明不動産の権利をブロックチェーン上に記録し、
登記記録ではないが、権利の証明を実現する

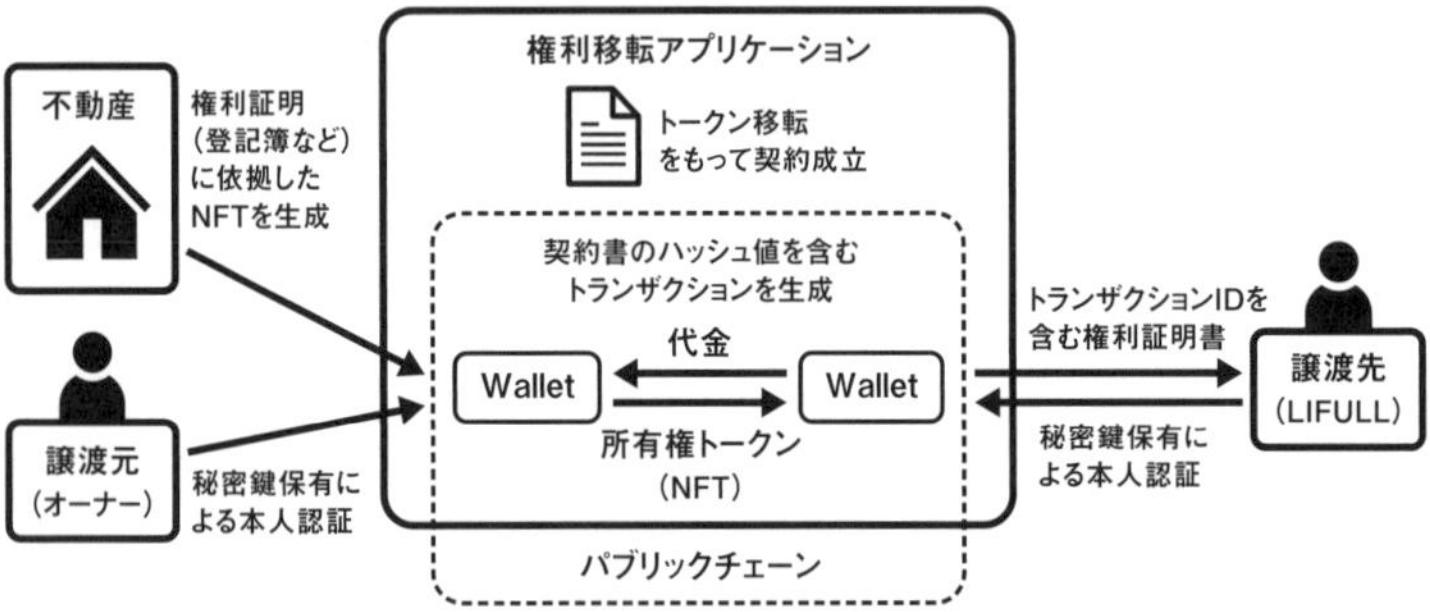

ブロックチェーンを用いた不動産権利移転登記モデル

用や税金を納める義務が生じます。

しかし相続対象となる不動産が空き家で、不動産として価値がない場合はどうでしょうか。登記の変更費用をかけてその不動産を取得したいでしょうか。当然取得したくない人や手間をかけたくない人もいて、相続せずに放置されるというケースが近年増えて社会問題となっています。そこで、引き取り手のない空き家を改築する前提で新しい所有者を見つけ、相続と改築と転売を一緒に行うといった対策が考えられます。

非常に面白い発想ですが、当然課題もあります。

例えば前述のように所有者が存在しない場合、所有者は存在するが登記変更の費用を支払ってまで手続きを行いたくない場合、など様々です。これまでは登記変更の代わりに契約書を取り交わしていたそうです。当然手続きは非常に煩雑になります。ブロックチェーンを用いた場合でもまずは同じことを実現するところから始めます。電子契約をブロックチェーン上に書き込み、これにより不動産の権利に同意したこととするのです。法律上の課題はこれだけではクリアにならない（第三者対抗要件は満たさない）のですが、契約を交わした当事者との契約は有効なので一定の主張は可能となりますし、このような取り組みが現状の登記ありきの仕組みに対して、あたらしい可能性を考えるきっかけとなるのだと思います。

ブロックチェーン上で不動産情報が管理されるようになると夢は膨らみます。例えば空き家をリノベーションする際にこの不動産の権利を分割して投資を集めることができるかもしれません。クラウドファンディングのように、多くの不動産活用の可能性について私たち一般市民の意見で判断が左右されることもあるかもしれません。それは単なる意見だけではなく、投資もセットなので意見を述べる側も真摯な意見になるでしょう。地域の場などはこういった取り組みで検討し、実行すべきです。

空き家は日本全国で今後さらに増加することが見込まれていますし、価値が低く、登記をし直すコストを誰も負担できずに放置され社会問題として取り扱われてきました。ブロックチェーンを使って権利を明確化することによって、空き家の不動産活用が進み、地域の活性化の重要なファクターとして注目されるかもしれません。

先端事例――⑦学歴や資格の記録

学歴や資格など証明書という仕組みは実は多くの課題を抱えています。詐称、偽装、発行主体の消滅、発行ルールの個別化など、その証明書を受け取った側がその正しさを検証する方法が難しく、その内容を信用するしかありません。ただ、こういった証明書へのブロックチェーン活用の事例も国内外で出てきています。

室蘭工業大学と西日本電信電話株式会社（ＮＴＴ西日本）が、現在大学に依存している個人の学位や学歴の真正性に関して、ブロックチェーン技術で「本人の意思によるデジタル証明書の開示／非開示の選択と自由な発行」の実現に向けた共同研究に取り組むことを２０１９年12月に発表しました。

企業が卒業記録、学歴、資格などを履歴書で受け取った際に、その証明書が偽装されたものでないことが証明されるでしょう。また、近年日本において問題となってきている「大学の倒産」によって学歴の証明が不可能になるという社会課題にも対応できます。

他には、昨今問題となっている技能実習生の日本語試験の合格証偽装問題などの解決にも繋がるはずです。経歴に基づいて企業が技能実習生に生活費を何らかの条件で貸し出すなどの発展も考えられます。企業からの融資で生活補助を受けながら、仕事で稼いだお金を母国で生活する家族に送金する。その融資や給与支払いや海外送金の仕組みにもブロックチェーンは活用できる可能性があります。

前述のように対象が海外となってしまうとさらにその情報が正しいかどうか判断ができなくなります。そこでこうした取り組みがグローバルに共通して持てるプラットフォームとして計画され、運用されることで日本のみならず世界中で誠実な人が正しく評価される社会に繋がることでしょう。

こうした個人が努力し築き上げてきた記録を個人に紐づけて記録することにブロックチェーンは活用できます。ＤＩＤ（分散型アイデンティティ）といった考えも出てきていますが、デジタルなＩＤに各個人が自分の活動や証明を自由に紐づけ、自由に開示先を選択する世界です。多く紐づけて開示すればするほど個人に対する信頼は向上しますが、プライバシーが明かされるリスクもあります。ただ、今回の事例のような資格などは開示してもよいと思いますので、自由に発行できるＩＤに自身の努力の結果を集積させていく仕組みは今後遠からず出てくることでしょう。

先端事例――⑧記事の価値の可視化（ＡＬＩＳ）

Ｗｅｂメディアの記事の価値についてあたらしい取り組みを行っている「ＡＬＩＳ《アリス》」という事例があります。

「ＡＬＩＳ」は日本発の分散型ソーシャルメディアプラットフォームです。２０１７年に当時リクルートで働いていたメンバーが「ＡＬＩＳ」のホワイトペーパーを公開し、同年９月にＩＣＯを実施しました。わずか２週間足らずで彼らは目標最少調達額として設定していた１１６６ＥＴＨ（当時の約３・８億円）の資金を世界中から調達することに成功しており、日本で成功したＩＣＯプロジェクトの代表例といえます。

「ＡＬＩＳ」はブロックチェーンを用いて、信頼できる記事を書いた人、そしてそれをいち早く見つけた人がトークンという形で報酬を獲得することで信頼できる情報を蓄積できる仕組みになっています。

従来のメディアでありがちな広告売上を稼ぐためのサイト設計やコンテンツ、ステルスマーケティングの類などが問題となっている現在において、そのメディアのあり方についてブロックチェーンを活用してあたらしい可能性を生み出した日本発のプロジェクトなのです。

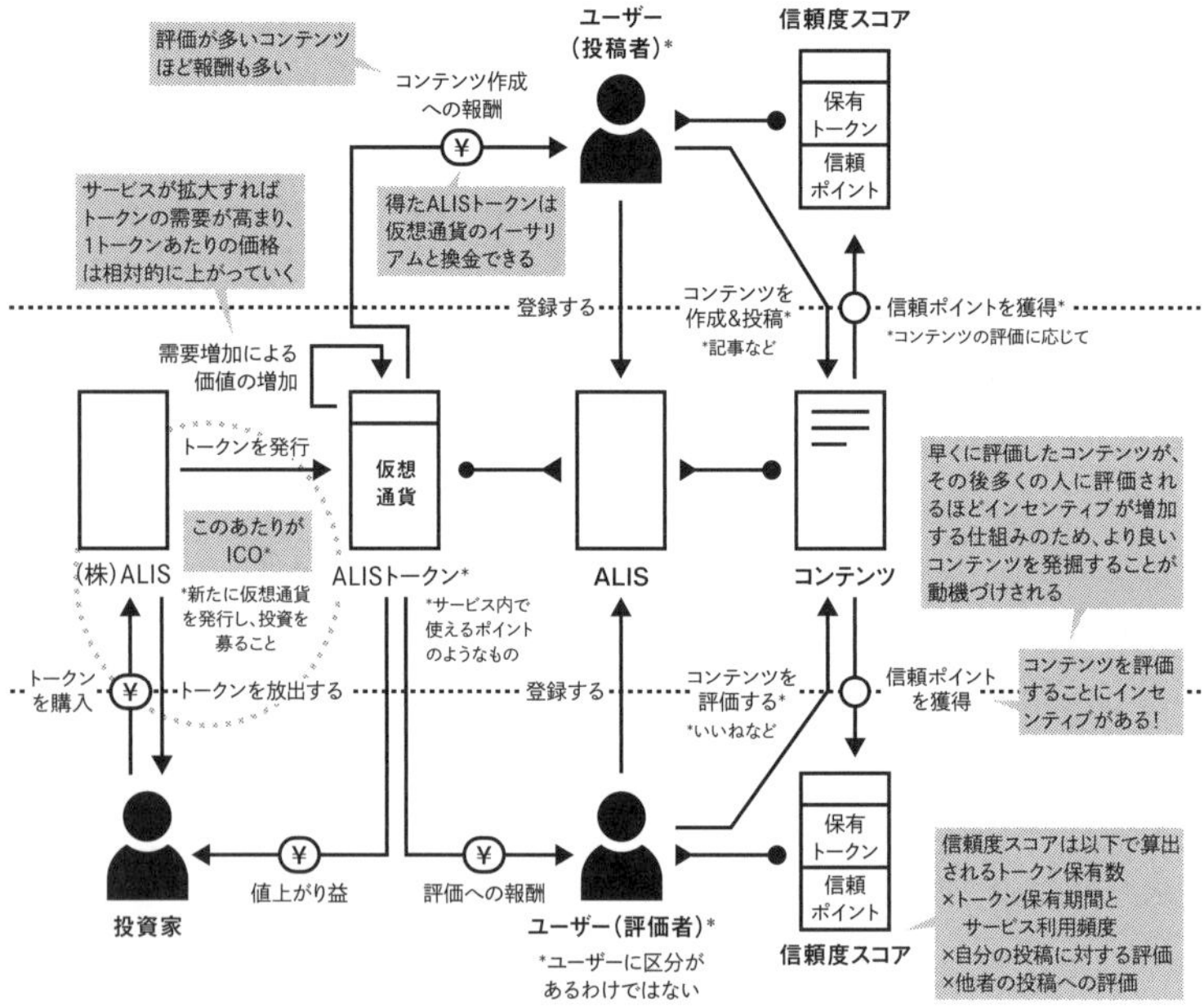
評価が多いコンテンツほど報酬も多い
コンテンツ作成への報酬
ユーザー（投稿者）*
信頼度スコア
保有トークン
信頼ポイント
サービスが拡大すればトークンの需要が高まり、1トークンあたりの価格は相対的に上がっていく
得たALISトークンは仮想通貨のイーサリアムと換金できる
登録する
コンテンツを作成&投稿*
*記事など
信頼ポイントを獲得*
*コンテンツの評価に応じて
需要増加による価値の増加
トークンを発行
仮想通貨
このあたりがICO*
*新たに仮想通貨を発行し、投資を募ること
（株）ALIS
ALISトークン*
*サービス内で使えるポイントのようなもの
ALIS
コンテンツ
早くに評価したコンテンツが、その後多くの人に評価されるほどインセンティブが増加する仕組みのため、より良いコンテンツを発掘することが動機づけされる
トークンを購入
トークンを放出する
登録する
コンテンツを評価する*
*いいねなど
信頼ポイントを獲得
コンテンツを評価することにインセンティブがある！
投資家
値上がり益
評価への報酬
ユーザー（評価者）*
*ユーザーに区分があるわけではない
保有トークン
信頼ポイント
信頼度スコア
信頼度スコアは以下で算出されるトークン保有数
×トークン保有期間とサービス利用頻度
×自分の投稿に対する評価
×他者の投稿への評価

ALISのビジネスモデル

信頼できる記事と人がわかるメディア

この事例のように、私たちにとって身近なメディアもブロックチェーンを活用してより便利なものに変わる可能性があります。「ＡＬＩＳ」の事例のようにトークンをうまく活用して記事の本当の価値を可視化することはもちろん、例えば記事を数円程度の少額で販売するなども可能になるのです。

先端事例――⑨ ＩｏＴ機器のプログラム保証

ＩｏＴの分野でもブロックチェーンの活用は考えられます。ＩｏＴという言葉も最近は当たり前になってきましたが、あなたの家庭にも一つぐらいはＩｏＴデバイスと呼ばれる機器がきっとあると思います。

例えば以下のような機器はご自宅にありませんか?

スマートスピーカー、スマートロック、スマートウォッチ、状況に応じて自動で動き出す家電製品（エアコン、風呂、ポット）、こどもの見守りデバイス、電力のスマートメーター、水道の検針器、などなど。検針器などは自身で導入したつもりがなくても使われている場合があります。

このように身近なＩｏＴデバイスですが、便利なばかりで当然リスクがないわけではありません。このＩｏＴデバイスの中ではプログラムが動作しているのですが、このプログラムがハッキングされ正しく動かなくなったらどうでしょうか。スマートウォッチで記録している健康状態が悪いにもかかわらず、通常通りと判断されて緊急時にアラートが発信されない。こどもの見守りデバイスが正しい位置情報を送ってくれない。自宅の電気使用量が身に覚えのない量になっている。いずれも絶対に避けたいですが、私たちは機械を信頼するしかないのです。

こんなことがないように、ＩｏＴデバイス機器は非常に高いセキュリティが求められます。しかし、セキュリティ問題というのは悪意を持った人とはイタチごっこです。１００％のセキュリティというものは存在しません。そこでもし不正なアクセスや不正なプログラムへの変更が行われた場合に、アクセスや改ざんの検知、そのプログラムが実行されないこと、実行してもそのデータを利用されないこと、といった対応が非常に重要になります。

そこでＩｏＴデバイス機器に入っているプログラムを検証できる形でブロックチェーンに記録します。ブロックチェーン上の記録は改ざんが困難ですので、ＩｏＴデバイス

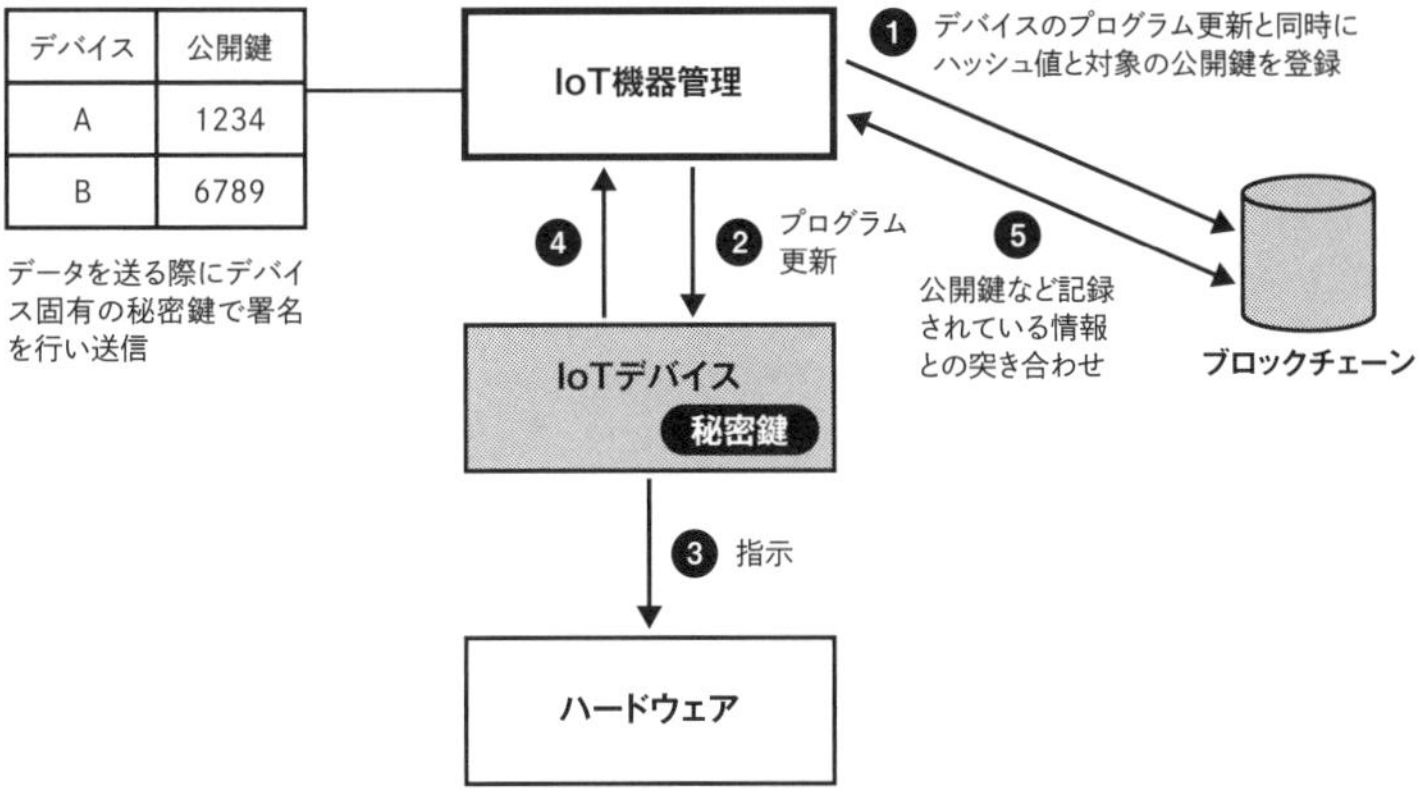
デバイス
公開鍵
A
1234
B
6789
データを送る際にデバイス固有の秘密鍵で署名を行い送信
IoT機器管理
1 デバイスのプログラム更新と同時にハッシュ値と対象の公開鍵を登録
ブロックチェーン
5 公開鍵など記録されている情報との突き合わせ
4
2 プログラム更新
IoTデバイス
秘密鍵
3 指示
ハードウェア

機器のプログラムが実行される際に動作するプログラムが不正に操作されたものではないか検証することができます。

ＩｏＴデバイスはどれも同様の課題を抱えていると思います。ユーザーに近いところで使われるデバイスは好奇心でプログラムが解析されて誰かに改ざんされる可能性があるわけです。大勢の人に影響するお金に関わる装置は特に被害を受けやすいでしょう。

こうした分野においてもブロックチェーンの改ざん耐性・セキュリティの長所が利用されていくと考えられます。ＩｏＴデバイスに関するブロックチェーンの活用について、ここでは具体的な社名などを明記できませんが、多くの企業で既に開発が進んでいます。

先端事例――⑩ 人に紐づく履歴の管理

本書を手にとられた読者のみなさんは何かしらの仕事をされている方がほとんどだと思います。あなたが仕事を誰かにお願いする時に重視するポイントは何でしょうか。実力、性格、役職、組織、金額、関係性など色々な観点があると思います。もし全く知らない人に仕事を依頼するとなった場合はどうしますか？

ブロックチェーンは、私たちの大切な情報を管理するためにも活用できます。具体的には私たちがこれまで経験してきた仕事の内容、誰かとの契約を履行した状況なども、ブロックチェーンに記録できて伝えたい相手と共有できるとしたら、初めて会った人でも信頼して仕事をすることができるようになるのではないでしょうか。

北九州市のコワーキングスペース「秘密基地」で、ある計画が進められています。株式会社HOAによるAIとブロックチェーンを活用したフリー人材のマッチング・信用補完システムの構築です。

コワーキングスペースには日々様々な人が集まります。そこではあたらしい出会いやビジネスが生まれるきっかけや可能性がたくさんあります。しかしそこで「この人は何ができるのだろうか」「本当に信頼できるのだろうか」と当然の疑問が生まれます。このハードルを突破しないと新たなビジネスには繋がりません。現在は各コワーキングスペースのコーディネーターがそれぞれのメンバーの情報を把握しながら、人と人とを繋いでビジネスチームを作っています。一か所のコワーキングスペースのみであれば、優秀なコーディネーターの力で何とかなるかもしれません。しかし、コワーキングスペースは日本中、そして世界中に多数存在し、現在も増え続けています。

それぞれの場所で人とビジネスのネットワークが生まれ、場所を移しながらビジネスを進める働き方がより身近になっています。働き方が変わっていくに伴い、今までは意識しなかった人との繋がりがより重要になってきました。

例えば、普段は北九州のコワーキングスペースで仕事をしている人が、出張で初めて青森のコワーキングスペースに行ったとします。青森のコワーキングスペースには自身が共に仕事をした経験のある北九州の人と繋がりがあり、過去に良い仕事をしたという記録があるのとないのとでは、信頼の度合いは全く異なるでしょう。

その時に、スキルなどの情報が共有できるとさらに便利ではないでしょうか。最後にその人の実績です。具体的な金額は伏せつつも、誰とどんな仕事をしてきたか、という記録がブロックチェーン上に記録されていれば、初対面であっても十分にビジネスパートナーとして検討できるはずです。

これは海外に行くとさらに有効です。海外でのパートナー選定は非常に難しいですが、すでに自身と繋がりのある人との仕事の履歴があれば、具体的なビジネスの話が可能です。現在でもフェイスブックなどＳＮＳでの繋がりはみえますが、具体的な仕事まで含めて正しいことが保障されている実績が確認できる点があるかどうかは、全く異なる情報です。

先端事例――⑪ 契約の自動化、契約書の共有・保管・電子契約

ビジネスには必須の契約もブロックチェーンで大きく変わろうとしています。企業間で契約を締結するにあたり、時期によって課題の内容も異なります。締結前、締結時・締結後、疑義発生時、の3つがイメージしやすいかと思います。

まず締結前の課題について、1つ目は手続きの煩雑さです。機密保持契約一つ取っても、各社の営業がやり取りし、雛形《ひながた》を受領し、法務部門に渡し、内容を確認・修正し、営業に戻し、相手の営業に渡し、法務部門に……。このやり取りを場合によっては何度も繰り返します。

2つ目は内部でのドキュメントの管理です。バージョンが複数発生し、修正履歴が煩雑となり、どこを誰が確認済みで、どこが確認すべき事項なのか、ドキュメントの変更履歴が混沌化します。ブロックチェーンによってファイルが共有できれば、契約締結前

の不要なやり取りが減り、迅速な契約に繋がることでしょう。

次に締結時・締結後ですが、締結時には電子契約が可能となる点です。ブロックチェーンを用いずとも可能ですが、ブロックチェーンの仕組みは電子契約に向いているため、活用しない手はありません。電子契約にすることで印紙税の削減にも繋がると考えられます（本書執筆時の法解釈では）。また、締結後のドキュメントの保管も各社の課題です。多くの企業では紙で契約書を保管していると思いますので、場所もとりますし管理も煩雑となります。電子契約とすることで管理の効率化に繋がります。

最後に疑義発生時です。好ましくない状況ではありますが、契約書の内容を一番注視するタイミングになります。締結前のフェーズで組み込めるかどうかではありますが、どの記載に対して誰が承認したのか、という記録を残すことで責任の所在を明確化することができます。

大きなグループを束ねる会社の場合、前述の契約プラットフォームを投資して作ったとしても、それ以上に法務部門の業務コストが下がると期待されています。なぜならば、グループ内の取引だけでも膨大な数があり、今までの手作業を簡略化できる可能性があり、電子契約にするコストメリットも享受できるためです。この仕組みをグループ内で展開し、別の関係会社の業務を効率化することもありえます。

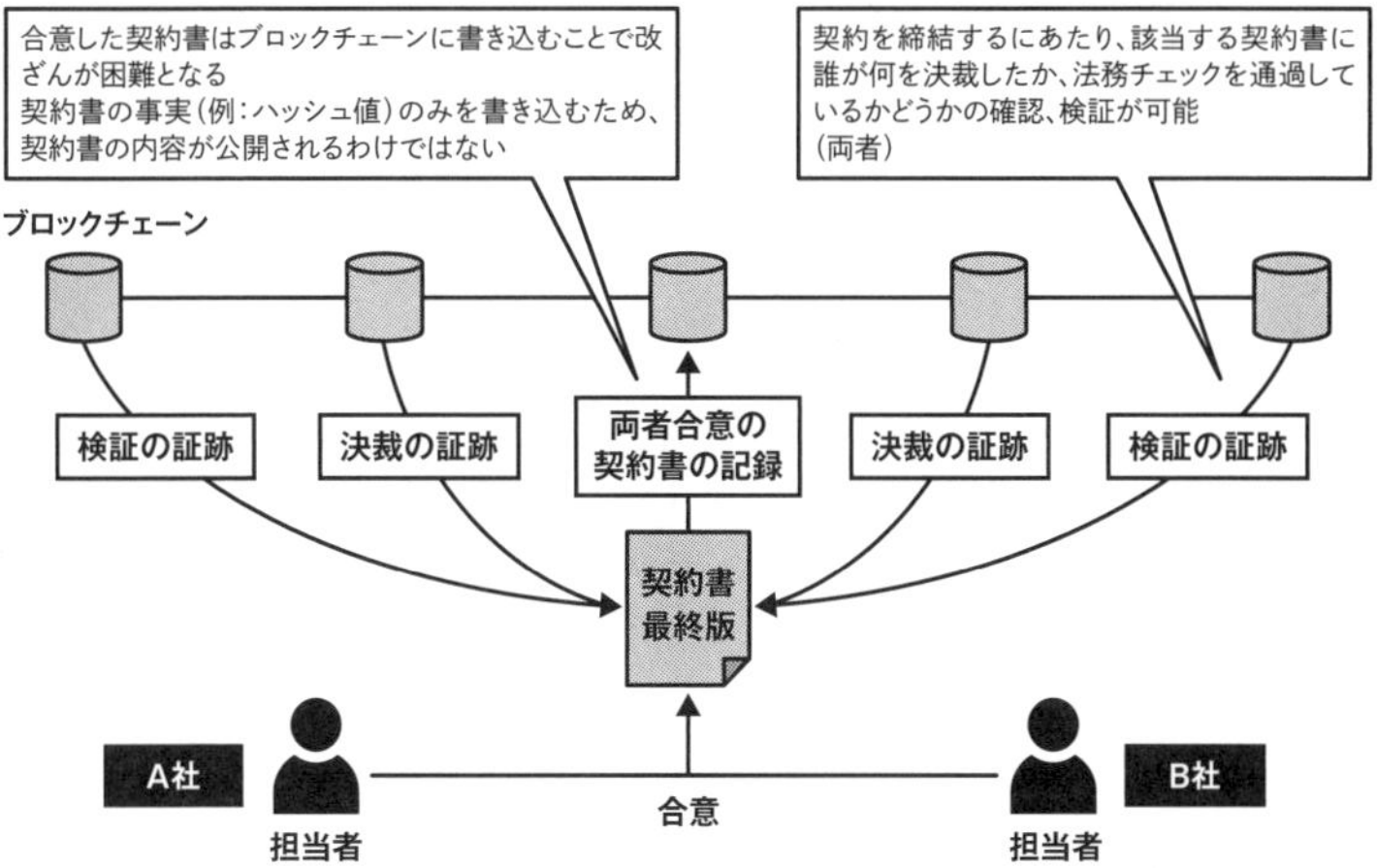
合意した契約書はブロックチェーンに書き込むことで改ざんが困難となる
契約書の事実(例:ハッシュ値)のみを書き込むため、契約書の内容が公開されるわけではない
契約を締結するにあたり、該当する契約書に誰が何を決裁したか、法務チェックを通過しているかどうかの確認、検証が可能
(両者)
ブロックチェーン
検証の証跡
決裁の証跡
両者合意の契約書の記録
決裁の証跡
検証の証跡
契約書最終版
A社
担当者
合意
B社
担当者

契約内容の明確化・可視化と中間的な管理コストの削減の両立が求められる今の時代において、こうした需要は今後も大きくなっていくと考えられます。事例としては世界で多く利用されているDocuSign社がすでに契約の署名済みの証拠をブロックチェーンに記録するオプションを提供しています。また現在未発表のため明記は控えますが日本の多くの企業でもこの分野でのプロジェクトが進行しています。

先端事例——⑫ 行政サービス利用手続きのペーパーレス化

日本では2017年11月からマイナンバー制度における情報連携の本格運用が始まり、政府が運用するオンラインサービスであるマイナポータルを国民全員が利用できるようになりました。このようなインターネットを使った行政サービスのデジタル化は世界各国で進められており、総務省の調査報告資料（注1）には、「エストニアでは各政府機関の電子政府システムや通信事業者、エネルギー事業者などの民間システム間で分散型システムによる情報連携を可能にするためにX-Roadと呼ばれるシステム間連携基盤が

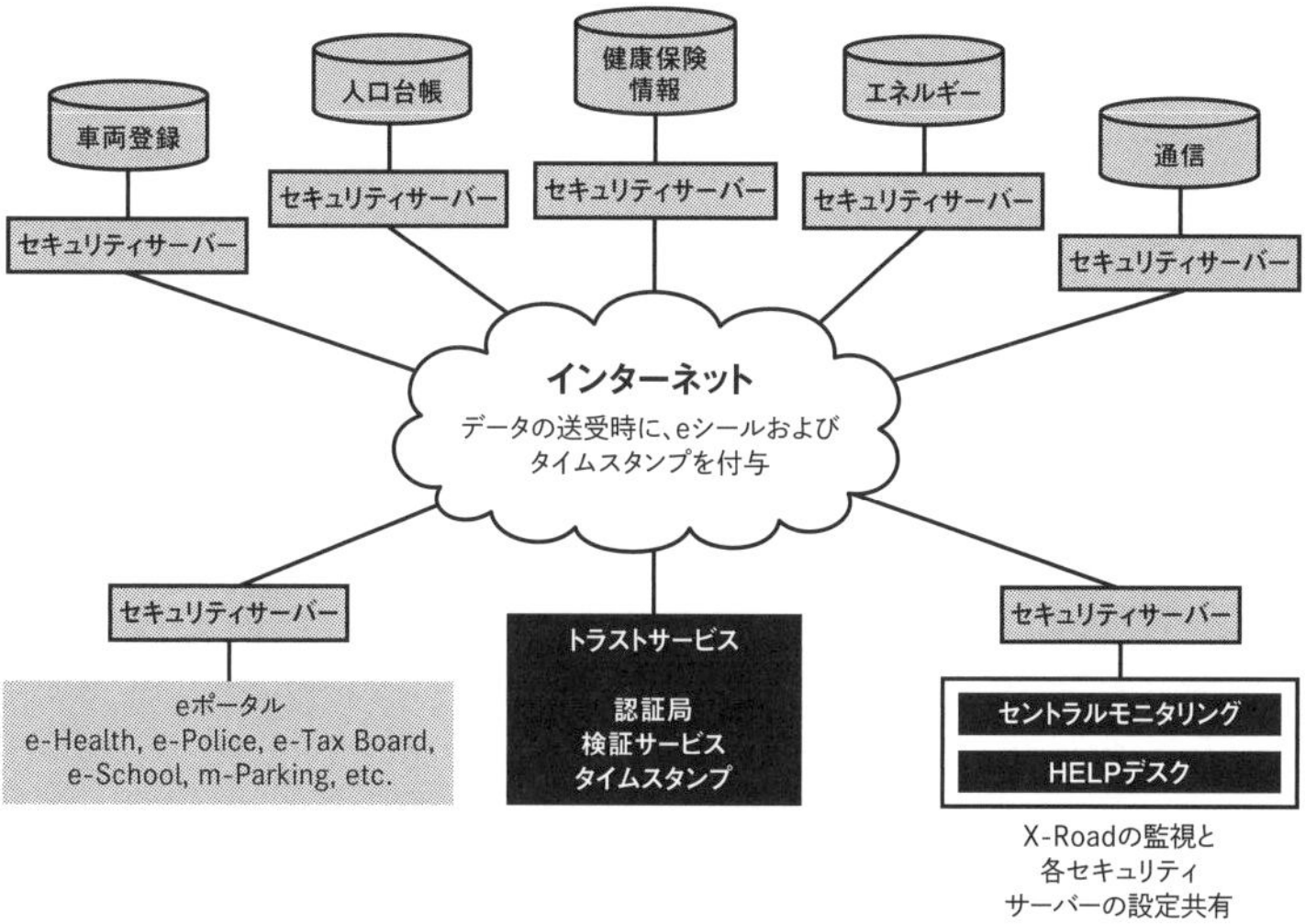

エストニアの情報基盤X-Road

（市民がサービスを利用する場合の例）

総務省「平成29年度タイムスタンプ、電子署名等のトラストサービスの利用動向に関する調査報告」
（https://www.soumu.go.jp/main_content/000557577.pdf）の図3-2「エストニアの情報基盤X-Road」を加工して作成

整備されている」と紹介されています。

多くの住民の手もとにパソコンやスマホなどのネット端末が行き渡り、また民間サービスの拡充に伴って、住民が公的機関に求めるサービスの一つにインターネット対応が挙げられるようになってきました。ここで重要な役割を果たすのがトラストサービスの存在です。

代表的なトラストサービスは公開鍵基盤（ＰＫＩ）です。電子署名方式で用いる公開鍵の持ち主を保証するサービスで、認証局を信頼することで安心して通信相手にデータを送ることができます。この基盤を用いてインターネット通信でも安全に公的機関のサービスを実現することができますが、手続きの標準化が進んでおらず誰でも利用できる簡単で便利なサービスの構築は未だ難しいのが現状です。そこで一部の利用シーンに特化させた利用しやすいトラストサービスが提案され、ＥＵなどではｅ－シールというトラストサービスの整備が進められています。最近日本でも印鑑レスの仕組みとして注目され始めており、ｅ－シールは企業の請求書などに押される角印の役割を担うことができます。また、タイムスタンプというトラストサービスは、ある時刻にデジタル文書が存在し、その後の改変（改ざん）が行われていないことを保証します。日本データ通信協会タイムビジネス認定センターでは、2005年から事業者の認定を行っています。

公的機関のサービスがインターネットで受けられることは、利便性だけではなくペーパーレスを促す点でも社会にとって有益なことが知られています。しかし、日本の行政サービスは申請主義のものが多く、決められた申請書様式に記入した紙の書類を提出しなければ業務を行ってもらえなかったり、決定通知書や証明書交付のサービスでも書面を紙に印刷して押印するような業務を続けています。電子メールの往復で済ませられそうな手続きのために窓口に出かけることはやめて、これからは人や書類の移動を減らすために、積極的に紙の使用を削減してデジタルファーストの社会に移行していかなければなりません。マイナポータルはトラストサービスによって紙の申請書を不要にすることが期待されますが、マイナンバーカードの読み取りが必要であり、まだ誰でも使えるサービスにはなっていません。

ところで決定通知書や交付された証明書をインターネットで受け取る場合でさえも、申請書の送付手続きと同様のリテラシーを市民に求める必要があるのでしょうか。これについてはデジタル証明書を発行する民間サービス、ブロックチェーン証明書の運用事例が出てきている通り、証明書の発行元と改ざんされていないことの検証ができるトラストサービスが永続的に利用できる環境が保証されれば、電子メールの添付ファイルを扱うのと同じくらいの手軽さで、利用することができると考えられます。住民が自分で書類を作成するわけではないので、マイナンバーカードなどに搭載されている秘密鍵を使った署名のための処理が必要ないからです。

chaintopeではブロックチェーンを応用したトラストサービスによって、市長が電子的に交付した様々な行政文書の真正性を検証でき、その電子文書を取得した組織や企業がペーパースキャンをすることなくデジタルデータとして活用できることの社会実験を2021年に実施する計画で準備を進めています。

先端事例――⑬人と人との関係性の可視化とMasachain

最後に「Masachain（マサチェーン）」というプロジェクトについて紹介します。これは私たちchaintopeが進めている、人と人との関係性をブロックチェーンで可視化するというプロジェクトです。

事例⑪で触れましたが、コワーキングなどでビジネスチームを編成する際に仕事の実績だけでは、本当のところは相手のことは十分には分かりません。そこに「その人が過去に誰と仕事をしてどんな評価だったか」という情報が付加されることで相手についてより詳しく理解できます。全然知らない人でも自身が旧知の仲間と一緒に仕事をしていたと分かれば、人柄が少し想像できる気がしませんか。あの人の知り合いであれば一緒に仕事ができそうな気がする、という安心感からあたらしいビジネスチームが生まれる状況もあるでしょう。

マサチェーンは特定の業界に特化したプロジェクトではありません。人と人との関係性を可視化することで円滑に仕事が進むようになり、業界の垣根を越えて幅広く使ってもらいたいプロジェクトです。

例えば不動産業界で仲間同士の評価を可視化できると便利です。不動産の契約の際には互いに交わす書面の内容だけでなく、相手の人間性を含めて信用できるかどうかも重要なポイントです。巨額の資産の売買取引であればなおさらです。中には地面師（架空所有詐欺師）と呼ばれる自分に権利がないのに架空の話を作り、完璧な書類を作ってお金だけ集めて逃げる詐欺師も存在します。

こういった状況において、過去の仕事の履歴、すなわちその人がこれまで積み重ねてきた仕事のクオリティや顧客満足度の履歴が可視化できれば、業界全体の質が向上できるかもしれません。

似たような話はUberやAirbnbなどのシェアリングサービスですでに行われています。口コミという手法はこれまでにもありますが、昨今では口コミも偽装されるなど社会問題にもなっています。そこで過去の履歴や仕事の特徴分けのようなところまで広げてみようという検討が進められています。

さらに、その仕事が社会に貢献していることが様々な人の感謝や共感の形で記録され、トークンで可視化して他の人に渡す、交換するなど相互にやり取り可能なシステムの構想も進んでいます。このトークンをたくさん持つ人が、コミュニティの中で評価されて支援を受けやすくなるシステムです。これが私たちのマサチェーンが目指す世界観です。

事例②とも通じる世界観です。

例えば、あなたが起業する時に投資家がマサチェーンの中身を見て「この人はこれだけのトークンを保持しているから信頼できる、投資してもよいかもしれない」と考えるなど、従来とは異なる価値基準があってよいと思うのです。

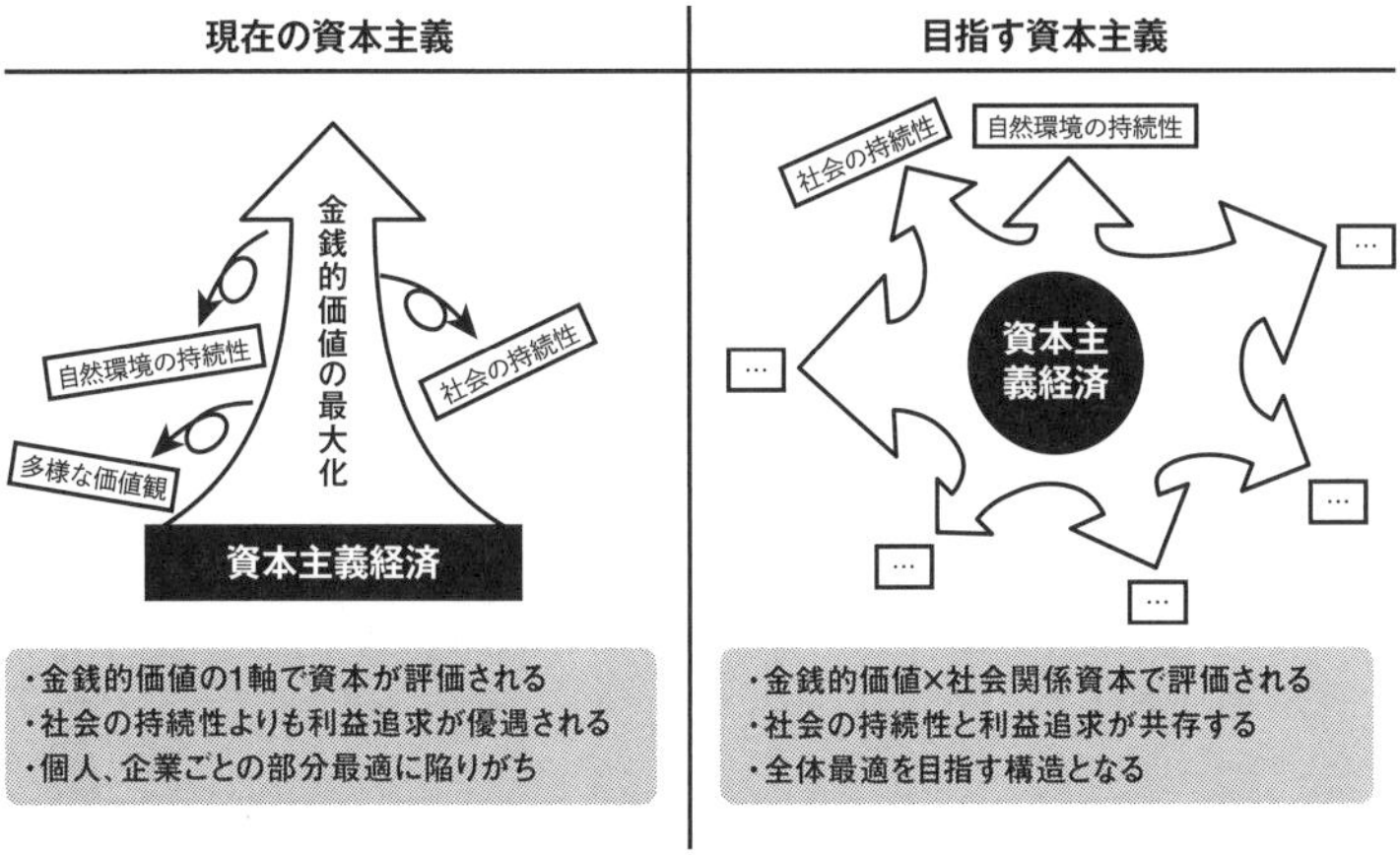
現在の資本主義
目指す資本主義
金銭的価値の最大化
自然環境の持続性
社会の持続性
多様な価値観
資本主義経済
社会の持続性
自然環境の持続性
…
資本主
義経済
・金銭的価値の1軸で資本が評価される
・社会の持続性よりも利益追求が優遇される
・個人、企業ごとの部分最適に陥りがち
・金銭的価値×社会関係資本で評価される
・社会の持続性と利益追求が共存する
・全体最適を目指す構造となる

金銭的価値の1軸から多様な軸での成長を目指すパラダイムシフトを起こす。これにより、社会が全体最適となり効率化していく。

マサチェーンは現時点では私たちがコンセプトを立ち上げた段階です。このコンセプトに基づいて実際にマレーシアのＩＩＵＭという大学で、学生と先生間での感謝など想いのやり取りが実験的に動き出しています。

ここまで本書を読み進めてくださった読者の方はお気づきかもしれませんが、このマサチェーンという概念は全体を通して共通する考え方です。ブロックチェーンという技術を用いる時に何を大切に設計するのか、いずれも関係性を重視していることが分かると思います。

本書の2章ではブロックチェーン活用が始まっている様々な先端事例を紹介してきました。すでに多くのプロジェクトが動いていることをご理解いただけたと思います。ブロックチェーンによって可能になる未来はもうそこまできているのです。

現時点では様々な規制、法律や社内制度などまだまだブロックチェーンの可能性を活用しきれていない部分も残っています。各業界で実証実験やサービス提供が開始され始めたばかりという状況です。

しかし、この「あたらしい経済」へと進む流れは確実に広がっていき、業界の垣根を越えていくでしょう。そしてそれに合わせて規制や法律の問題も乗り越えていけるはずです。
その時、ブロックチェーンは私たちの未来にどんな世界を見せるでしょうか？
続く3章では、ブロックチェーンが広がった、より先の未来について考えていきます。

（注1）
総務省が公開している「総務省事業として実施したタイムスタンプに係る調査研究の報告書」として掲載されている、「平成29年度タイムスタンプ、電子署名等のトラストサービスの利用動向に関する調査報告」から引用。
https://www.soumu.go.jp/main_sosiki/joho_tsusin/top/ninshou-law/timestamp.html

3章

ブロックチェーンが切り開くあたらしい経済

これまでみてきたように、すでにブロックチェーンを使ったあたらしい取り組みの先端事例が生まれてきているのです。

しかし実はここまでの話は、この先に起こるトークン革命のための準備段階といってもいいでしょう。まだ序盤の序盤なのです。ブロックチェーンが今後さらに一般的になっていけば、経済の形はさらに大きく変わると考えられます。

そこでこの章では、ブロックチェーンが可能にするあたらしい経済、あたらしい世界について考えていくことにします。未来の可能性を考えていくことで、来るべき明日に備える一助となるかもしれません。

ブロックチェーンが最も本領を発揮する代表的な分野は金融です。ブロックチェーンで経済が回り出し銀行を介さずに途上国でも仮想通貨で決済ができるとなると、お金で成り立つあらゆる仕事で様々なイノベーションが起こると考えられます。ただし先進国においては、高度に金融法規が発達し、規制が強いことから、この分野の革新には時間がかかってしまうかもしれません。

規制が厳しい金融分野であっても、コストダウンのためにブロックチェーンの一部の側面に注目した手堅い部分での活用は進んでいます。こうした用途では、管理者を限定した「プライベート型」や「コンソーシアム型」のブロックチェーンが使用されることが多いです。銀行が管理しやすい中央集権寄りの活用方法ですが、ブロックチェーンを用いることで単一障害点のリスクを軽減し、今より安いコストで銀行間のお金のやり取りができるようになる可能性があります。

ただし、この場合は何十万人・何百万人の銀行のお客さんがブロックチェーンにダイレクトに関わるわけではありません。

本当に面白いのは、2章で解説してきたような様々な先端事例に、金融のサービスを組み合わせて実現できるトークン・エコノミーの到来です。「トークン」と呼ばれるあたらしい価値がモノやエネルギーなどあらゆるものと紐づくモデルです（tokenを由来とする外来語の直訳は「しるし」というような意味）。

これまでは、モノやサービスの交換や共有者への富の分配において、国などが定めた通貨が取引（売買）を仲介していました。いわばマネー・エコノミー・モデルです。これに対して、例えば「エネルギー・トークン」や「食品・トークン」などが「マネー」の仲介なしに直接交換できるような未来のモデル、電気を売ってお肉が買えるような未来のモデルがトークン・エコノミーなのです。

これは私たちにとって、「所有」の概念の歴史的な大変化といってもいいでしょう。金融関係の世界では、これまで権利を示す証券の所有と、決済の時に使うお金の所有というのを全く分けて管理していました。しかし所有の概念が変わることで何が起こるかというと、「証券」と「お金」の両者をトークンで紐づける、もっといえば、ぴったりと一体化させることが可能になります。これまでは一緒にくっつけて管理していても、繰り返し移動するうちに事故や不手際が起きて、いつのまにか管理しきれない状態が起きてしまう可能性がありました。

これがぴったりと一体化して安全に管理できるようになるのです。今後の法律の整備が必要ではありますが、証券として持っているトークンの金銭的価値を利用して、日常の決済が可能になるかもしれません。

例えば100万円でトークン化した証券を買ったとしましょう。それは証券取引所に持っていけば100万円の価値があります。証券ですから持ち込むタイミングによって若干変動があるでしょう。そしてこれを持って、買い物に出かけると、支払いの決済のタイミングで、銀行などを通して100万円分の決済可能枠に早変わりします。

そこで商品を受け取って、値段の1万円が銀行などを通してお店に電子的に支払われて、この取引が終わると、その瞬間に例えば99万円相当の証券に戻る（更新される）といった手品のようなことがブロックチェーンを使えば今後できるようになるかもしれません。

トークン・エコノミーの可能性について、次節でさらに詳しくみてみることにします。

《エグゼクティブ・サマリー》

- トレーサビリティ、金融、物流、移動など様々な分野でのブロックチェーン活用が同時に起こることで所有の概念が変化するほどの大革命が起こるかもしれない。
- 絵画や不動産に自動車まで、これまで個人で所有することが多かったものが所有権を分割したトークンという形で小口かつ大人数で共同所有できるようになる可能性がある。
- これまで売買が難しかったものが取引の対象になり、あたらしい金融・保険サービスが生まれるなど、経済全体に大きな変革がもたらされる。
- コミュニティ経済の復権と、人と人の関係性の深まりがもたらされる。

〈用語解説〉

スマートコントラクト：契約（コントラクト）を自動的（スマート）に行う仕組みのこと。あらかじめ交わした契約を当事者または第三者が実行するためには、当事者が互いに契約書を共有し、それが改ざんされていないことが確認でき、かつ契約書通りに実行されたことが証明できて成立する。ブロックチェーンはこれらの要件を満たすことができる。

シェアリング・エコノミー：一人に占有させる目的で起こる経済活動（金品の授受）に対して、対象を所有したまま貸したり借りたりする時に発生させる経済活動で、物理的なモノのシェアリングに留まらず、システムの利用や組織に所属する人の労働力・スキルに至るまで、様々な対象を個人間・組織間でシェアするような経済のあり方のこと。複雑な権利関係の明確化と素早く正確な処理の実行のためにブロックチェーンの応用による実現が求められている。実現すれば環境問題や労働問題に対するプラスの効果も期待できる。

STO：Security Token Offering の略で、資金調達手法の一種。証券や債権による価値の裏づけがある「トークン」を発行し販売する手法。

所有の概念が変わる

こうした変化のためには、トークンがモノやエネルギーの売買（金品の授受）とシェアリング（複雑な権利関係の明確化）を自動的（スマート）に仲介する必要があります。

これまでの経済では現金や通帳が売買を仲介していました。これは（最近ではあまり見かけなくなった）ビール券やテレホンカードといった流通性・兌《だ》換《かん》性が限られるトークン同士を交換する時も同じでした。ケースバイケースのルールに従ってトークンの価値を現金で査定して、両者の合意が得られたら交換が成り立ちます。

この複雑な取引がスマート化されると各トークンの流通性・兌換性が高まり、あたらしい経済の形が生まれるかもしれません。

繰り返しになりますが、これは「エネルギー・トークン」と「食品・トークン」が交換できるような経済の形です。こうした世界では裏側で複雑な権利関係が自動的に処理されて、例えば「電気」で「お肉」が買えるようになります。これをさらに発展させると、ある時点での決済と資産の価値の貸し借りがプログラムできて一体になった運用もできるかもしれません。

あらためて証券と決済の2つの顔を持つトークンについて考えてみましょう。

証券としての顔は額面100万円で1年間に1万円の利回りとします。その証券を3年間持っていると複利は無視して3万円分の利子が付きます。でも額面上は100万円です。

例えばこのトークンに対して証券と決済の関係をプログラムする時、決済で支払う金額を利回りの分から差し引くということを定義します。そしてこのトークンを使って1万円の支払いがありました。100万円の額面は変わらず、このトークンを証券として誰かに譲り渡す時、3年間分の利回りの部分の3万円から決済で使われた1万円を減らした2万円を利子として受け取ることができるでしょう。

このような証券と決済の2つの顔を持つトークンを自治体が発行するとしたら、利回り分はその自治体の中だけで使える地域通貨にすることで地方創生に繋げるということもできるでしょう。

ブロックチェーンを使えばこうしたことが本当に実現できるのです。今までできなかったことがブロックチェーンで初めて可能になるということです。証券化するものの対象が広がってくるでしょう。すなわち「所有」の考え方が変わってくるということです。

所有する対象の資産的価値が客観的に評価され、価値のトレードが明確になると、流動性が高まり、小口化され、所有という考え方が変化します。例えば多くの人が観たいと考える美術品の所有を考えると、そのような高価なものは、これまでは数少ない資産家が私財で購入し独占していました。しかし、トークンによって小口でも所有が可能になると、多くの人で共有して鑑賞することが可能になります。

ごく一部の人が貴重なものを独占して所有するという形から、多くの人々が互いに共有し合うという形に、社会が移行できる段階にきているのです。これまでの所有の概念を覆す、あたらしい経済の形ではないでしょうか。

トークン革命で誰でもモナ・リザの所有者になれる

本書の2章ではすでにブロックチェーンが活用されつつある先端事例をみてきました。

そこでは業務プロセスが今よりも効率化できたり、さらに利便性が向上したりといった具合に、実験によってブロックチェーンの有用性が確認できたという話が中心でした。

この3章では時間をさらに進めて、ブロックチェーンがあらゆるところに浸透した未来の話をしたいと思います。

ブロックチェーンによってトークン革命が起きた未来です。そんな未来では、今までできなかったことが当たり前のこととしてできるようになっていきます。

例えばちょっとしたお小遣いで名画モナ・リザの所有者にだってなれるかもしれません。誰からみても間違いなく本物のモナ・リザの持ち主に、です。ただし、多くの所有者の中の一人になれるということです。

これまでの歴史の中で名画は人から人に渡り所有者を変えながら今に伝えられています。レオナルド・ダ・ヴィンチに連なる複数の所有者の名前が裏書きされていて、その仲間に加わることができるのです。別の見方をするとある一定の期間において1万人で分割して絵画の一部を所有しているようなことかもしれません。

マンガ『ドラゴンボール』でいうところの「元気玉」みたいに、共感する人々からエネルギー（ここではお金）を瞬時に集めて、人類の宝を保全するような有意義なことに使うという、今まで複雑すぎてできなかったモデルが日常的にできるようになります。

これまで実現不可能だった未来です。

先鋭的なアーティストや美術家が創作活動に集中するためには、目をかけてくれるパトロンがいないと日々の生活すらまともにしていけませんでした。

しかしトークンで権利を小口化できれば、これからはたくさんのパトロンが集まり、新進気鋭の画家の一絵画が100万人の所有者に総額10億円で取引されるということが起こりえるということです。

100万人の人が1000円ずつ出し合って、それを共有している、それをみんなで鑑賞するという構図ができます。

シェアリング・エコノミーが加速する

ブロックチェーンがもたらす、こうした未来のあり方は、流動性が低い資産に大きなインパクトを与えるでしょう。例えば不動産の小口化、高級家具の小口化、そして、それらが生み出す利益からみんなに利回りがあるという未来もありえます。

今まではある程度の資産価値がない不動産は投資対象になりませんでした。それが、ブロックチェーンの時代には、小口からでも投資できる対象になるわけです。もしかしたら大学入学をきっかけに東京で一人暮らしをすることになり、新築の賃貸住宅を選ばずに古い不動産をトークンで所有して住むということもできるかもしれません。

そして、留学などで住まない期間はその不動産を友達に貸して（シェアして）運用するという人も出てくるということです。これまで購入や賃貸の対象だったものが投資や運用に変わっていくというイメージです。

このように不動産との接し方も多様になっていく。これも今までにはなかったあたらしい経済です。

ブロックチェーンで不動産をトークン化してしまうと、今までは購入の契約や手続きに司法書士などの専門職の手助けが必要でしたが、スマートコントラクトによって自分一人で簡単にできるようになり、スマホ決済のように手軽で簡単なものになるわけです。シェアハウスや家具を中古品売買プラットフォームのメルカリのようなサービスのイメージで、スマホで売ったり買ったりするという時代には、評価額10億ドル以上の新たなユニコーン企業が誕生するかもしれません。

モビリティ・アズ・ア・サービス（ＭａａＳ）というあたらしいビジネスモデルも、道具としての乗り物を一人のために所有することから多くの人でシェアリングすることにマインドチェンジしようという領域の一つです。

他人同士が同じ車を運転するカーシェアは、誰かが所有する車両を使いたい時にお金を払って他のみんなで時間を決めて利用するモデルです。また、バスやタクシーなどの運転手付きの乗り物のシート（空間）の一角に入れてもらうライドシェアは、その乗り物が通るルートと時間帯に合わせる形で利用するモデルです。着眼点の違いはありますがどちらも車のシェアリング・エコノミーが加速する原動力となったサービスです。

そして今何が起きているかというと、カーシェア・ライドシェアをひっくるめて、人を移動させてくれる企業の仕事（サービス）ごとシェアリングしよう、という流れです。それがＭａａＳなのです。

陸路の移動を考えた場合、鉄道・バス・タクシー・レンタカーの各事業会社が競合企業に負けないように努力した結果、良い意味でサービスに違いがなくなりました。どの企業のサービスを利用しても横並びの料金で横並びの品質ならば、利用者の都合に合わせてどれを利用してもいいですよというわけです。ツアー会社が企画するパッケージのようなものです。

ＭａａＳサービスを企画する企業が料金を徴収し、実際に使ったカーシェア・ライドシェアの企業に費用を支払う。こういうサービスを実現するためには、各社の情報を正しく共有し、契約から入金までを印鑑レス・キャッシュレスで自動処理できる、インターネットやブロックチェーンのような技術が生まれるまで不可能でした。

サブスクリプション・モデルと呼ばれる少ない初期費用で契約できて、いつでも好きなだけ何度でもサービスを受けられる時代には、手元になくても所有しているような感覚になり、「お金を貯めてから所有する」から「使う間だけ借りる」方向にますます加速します。

実物から証券へ（資金調達の形の変化）

金融分野の直近の変化としてＳＴＯの実施が挙げられます。なおＳＴＯとは、Security Token Offering の略称でデジタル化された新しい形の証券です。

お金・証券となると良くも悪くも小さな火種が大火に発展しやすいデリケートな分野

です。そのため、万一の事故に備えた準備や未然に防ぐための規制、さらにはその取り締まり方法に関する議論の行方が、新しい仕組みの実施に大きな影響を及ぼします。

可能か不可能かではなく、認めるか認めないかという判断で未来が決められていくということです。日本では2019年5月の国会決議で資金決済法と金融商品取引法の改正案が可決され、暗号資産（仮想通貨から呼称を変更）および電子記録移転権利（いわゆるセキュリティ・トークン）の法的な分類が明確化されました。2020年5月に施行され、証券会社や仮想通貨取引所が始める新サービスの開始が注視されます。

STOを取り扱う新サービスはブロックチェーンを活用した小口で証券を売買できる仕組みになると思われます。それを示す例として、2019年11月7日の日本経済新聞に、三菱UFJフィナンシャルグループが「100円程度からでもデジタル証券を買うことが可能な仕組み」を、ブロックチェーンを使って開発中であると報じられました。

インターネットはパソコンからスマホに場所を移して誰もが利用するインフラになり、キャッシュレスで財布の役割も果たすようになったかと思うと、すでに銀行ATMの代わりに送金依頼もできるようになっています。そしてこれからは証券を保管する金庫になろうとしています。多くの人がこのスマホの金庫の中にトークンを保管して様々なモノの所有ができる時代になるのです。

もう一つ、このような体験をすることで、投資をするということの意識が少しずつ社会に浸透していくでしょう。

前にも述べましたがＳＴＯの仕組みで集められた資金を、地方創生のプロジェクトやコンテンツを育てる投資に役立てることができるかもしれません。

地方創生の活動は、芸術家や研究者の活動と同じく自分たちの生活を切り詰めて行うボランティアで、将来多くの人に感動や幸せを与える可能性があるにもかかわらず、補助金ですら分配が不透明で適正に行き渡らないような状況です。

これに対して、地方創生活動のための資金集めにＳＴＯの仕組みを導入し、民間からの投資を直接注入することが可能になるとどうなるでしょうか。放っておくと転出超過で限界集落になるかもしれなかった地域が、住民幸福度が高く転入超過で賑わいのある街に変貌できるかもしれません。

情報が本当の意味で価値を持つ

ブロックチェーンが活用される中で、量のビッグデータ・質のトラストデータの両輪で情報がこれまでにない価値を生むようになるでしょう。

今、統計学的に様々な予測を可能にするビッグデータの活用が進んできていますが、データの信憑性はまだ人に依存している段階です。ここに部分的にでも暗号学的に人の改ざんが困難な仕組みを重ねることで、個人が質の高い（嘘をつかない）情報を提供する代わりにサービスを受け、信頼できる情報だけを集めたビッグデータで精度の高い予測を可能にし、社会に役立てるという世界です。

現在は、国外の巨大企業にデータを知らず知らずのうちに一方的に吸い取られてしまっています。データは簡単にコピーできますから、一度渡したものを返してくれとか消してくれとかいっても、納得いく答えは得られないでしょう。

ネットショッピングで吸い取った個人の行動に関する記録から、例えばアマゾンは自由自在に私たちの趣向を分析してビジネスに役立てますが、そのデータを提供した私たちには還元されないのです。本来個人のデータをどう使うかは、その個人に権利があるはずですが、中央集権的な組織が利用することを私たちは認めてしまっているのです。

それがブロックチェーンによって自分の情報は自分の意思であげたり売ったりなどコントロールできるようになり、権利を回復できるようになるのです。

目に見えなくても誰にでも備わっている、自分自身の一人の人間としての特徴を表す情報というものに、統計に役立つ資産価値が認められ、欲しい人に提供することで自分の生活の足しにできるという、全くあたらしい経済の形です。世の中にあふれているコピー商品なんかより、実は特徴的な個人の情報の方がよっぽど価値があるという時代の到来です。そのような未来においては、私たちは自分たちの情報を提供することも、提供しないことも、自分自身で選べるようなルールやシステムが正しく機能している社会になっていなければならないのです。

ここからは、トークン革命によって個人の情報を個人が管理できるようになった未来の世界へ、小売、物流、生活インフラ、金融、文化がどう変わるのか一つずつ想像を膨らませてみていくことにしましょう。

小売への影響

原産地の表示から得られる満足度が高まる

加工された商品の違いがなくなり、原材料が差別化の源泉となるでしょう。チラシを眺めて安いお店を探す時代から、安心・安全を与えてくれるお店の品揃えをみてお得な商品を選ぶ時代にすでに切り替わってきています。ブランドでの囲い込みは、より一層強まるでしょう。

店舗はファンを集めるために、商品に関する有益な情報を打ち出したいというニーズを持っています。しかし、闇雲に商品側が提示する売り文句を信頼することはリスクであり、目利きが重要となります。このとき一点一点の生産から輸送までのすべての工程を人手で点検するのは不可能です。そこで約束した工程を正しく通過していることを電子記録に残していくという、コンピュータによる人手をかけない無人点検が主流になるのではないかと考えられます。

無人点検には、従来からある作業員の印鑑が押された検査証に代わり、デジタル署名が商品に残され安心・安全のバロメーターになるでしょう。ブロックチェーンを利用したトラッキング情報の記録は、このような形で社会に実装されていくと考えられます。

環境負荷軽減に対する企業の社会的責任が強まる

二酸化炭素、フロンガス、プラスチックゴミなどの環境汚染原因物質の表示が義務化されるでしょう。これまでは、地球規模の環境問題に対して、国ごとに努力目標を設定していました。国家が自国の企業や国民を指導する形で、改善に取り組むことが多かったように思います。

しかし、このままのペースで努力を続けても間に合わないという声が強まっていくでしょう。そのため次の一手として国を超えたグローバル企業に責任を問う流れが起きるのではないでしょうか。国が自治体に目標達成を義務づけるように、グローバル企業が傘下の下請け企業やパートナーに環境負荷軽減の目標達成を要求するということです。

ビジネスでは効率化を重視しますから、そのような環境負荷に対する監視体制は、すぐに機械化されるでしょう。そのシステムの中では、様々なセンサー情報がインターネット上で処理されているはずです。

強力なグローバル企業は、独自の閉じたネットワークで監視システムを構築するかもしれませんし、情報の独占を望まない勢力によって、あたらしいグローバルスタンダードが生まれるかもしれません。

いずれにしても、取引に直接関係しない、環境負荷に関わる情報の公開を、企業の外から求められる時代がくると考えられます。ここにブロックチェーンの要素技術が果たす役割は小さくないでしょう。

備蓄とセットの消費が増加する

災害に対する備えとして、水・食料・消耗品を備蓄するという動きが拡大すると予想されます。この時、備蓄の余裕を保ちつつもロスを出さない平時の消費の管理方法が課題になるでしょう。

食品加工における保存技術は日々進歩しており、1年程度の備蓄を想定した商品が出始めています。高度な密閉を可能にする素材や道具の技術と、微生物に分解させない生物化学の技術によって、災害の備えは盤石になっていくことでしょう。

一方でそのような備蓄品を、期限を切ってゴミとして廃棄することには食品ロスの観点において大きな環境問題であるともいえます。災害の備えでありながら、交換サイクルの際の平時の消費を促すために、適切な在庫の管理が不可欠です。昨今の災害で、各々が自宅に備蓄品を保管する意識が高まっていますが、支援物資として食品を輸送することは、安心・安全の面で推奨されません。

コンビニやスーパーなどの大手チェーン事業者に協力を要請する流れもできつつありますが、ブロックチェーンの活用によってもっと小さな事業者でも参加できる枠組みが作られるでしょう。

例えば企業が家庭の備蓄物資を安全に預かり、交換サイクルの中で別の事業者が消費する材料として引き取るというサービスが生まれるかもしれません。食品ロスを減らすあたらしいビジネスモデルが誕生するということです。この時、商品一点ごとのブロックチェーンでのトレーサビリティが安心・安全の重要な指標になると考えられます。

移動と物流への影響

サービスとしての移動手段が一般化する

第二次産業革命で栄華を誇った燃料利用型のエンジン技術を持つ自動車産業だけでなく、世界中の様々な分野の企業でＭａａＳの研究・開発が進んでいます。もはや人やモノを運ぶ原動力（エネルギー）の主役は石炭・石油といった燃料から電気に変わり、移動を扱う市場が自動車産業の独壇場だった時代は終わりを迎えます。いる場所を変えたい人やモノには経路の誘導を含めた移動サービスが提供され、価格面・安全面で競争が起こるでしょう。

すでに、乗り物に乗ること・運転すること自体に特別な価値を感じていた時代から、移動するプロセスよりも目的地に着くことこそが重要な時代に変わってきています。移動プロセスを楽しむ人が全くいなくなるわけではなく、全体的にみた時に「途中は何でもよいから着けばよい」という人が増えるということです。

例えば、一種のメンバーシップ会員の形をとるのではないでしょうか。移動系サービス事業者が協力してメンバーを目的地に送り届けることを考え、対象メンバーの情報を効率良く共有するように、事業者間での情報連携が頻繁に行われるようになるのではないかと考えられます。巨大なメンバーシップモデルを保有する携帯キャリアは、それを感じさせる動きをみせています。

事業者同士が互いに責任を果たしつつ利用者から得る分け前を公平に配分する仕組みとして、ブロックチェーン上でのスマートコントラクトが有用な技術として働くと考えられます。

モノや人の滞留（預かり・素泊まり）にかかるコストを各社が共通で負担する

共通の安全基準を満たす倉庫（集積所）や、仮眠設備、食堂、エネルギー備蓄（電力・ガス・石油）などを、共同運用して効率化するようになるでしょう。

玄関まで荷物を届けてくれるサービスはトークン革命の先でも絶大なニーズがあるはずですが、運搬事業者にとっては、価格競争にさらされながら雇用を確保するという難事業であり、今のままでは日本の企業は疲弊して継続が困難になります。それを塗り替える形でグローバル企業が着々と準備を進めている様子がうかがえます。もはや日本に住む人々にとって、安心・安全に届けてくれるならアマゾンのような外資系企業の傘下の運送会社でも構わないのです。むしろ将来日本に多く住むであろうアジアの若者にとっては、アジアの母国語で届けてくれるアジア人ドライバーの方が安心だという意見すら聞かれるかもしれません。

機械が進歩した今の時代、モノを運搬するという仕事において年齢・性別・国籍での明確な能力の差はほとんどありません。カーナビを含む機械の指示を前提にすれば、経験すら差別化要素ではなくなってきています。この分野で働く人の労働条件は、同一労働同一賃金を進めやすいため、業界全体で条件を揃えてドライバー人材を安定化する流れに進むと考えられます。

そのためにも、物流ステーションの機能が公共性を高め、労働者はサービスを利用するだけでその都度事業者同士の負担金が計算されキャッシュレスで精算される必要があるでしょう。

ブロックチェーンを用いたトークン・エコノミーの最初の社会モデルは、意外と物流の仕事において生まれるかもしれません。

移動や輸送の中継がクラウド利用によってシームレスに繋がる

モノが輸送される先（玄関先のポストですら）も人手の開閉式のゲートからICカード・ICチップ・生体認証によって管理されるものへと変化するでしょう。そして、そこで得られるデータが課金の根拠になるでしょう。人とモノの移動に共通していえるのは、世界がシームレスに繋がろうとしているということです。

これまでは、物理的な移動に対して国や企業が目に見える明確な線引き（検問）を維持していました。しかし、現在ではトラフィックが爆発的に増え、移動する人やモノの属性も多様化しています。そのため、一つ一つの荷物を止めて処理するのは非効率になってきています。

こうした状況に対応すべく、無線技術・画像認識技術の進歩がさらに進んでいくでしょう。目に見えないボーダーの越境を検出する仕組みがどんどん登場すると考えられます。その境目の中継点で企業間の取引が自動処理されるクラウドネットワークも、ブロックチェーンを活用した形で同時に発展していくことが予想されます。

生活インフラへの影響

土地と建物が分離される

移動式住居が普及し、土地とインフラに接続するサービス、すなわちスマートシティが世界中に誕生するでしょう。好みに合わせて、あるいは仕事に合わせて、引っ越しをすることが当たり前になるかもしれません。その兆候として基礎工事を行わない「箱物ハウス」の技術も進化し、家ごと引っ越すことに関心を持つ人が現在増えてきています。

上下水道とエネルギーを接続する共通のジョイントが国際規格になることで、一気に移動式住居が普及すると考えられます。

そして、これからあたらしくインフラを利用するための規格が整備されるならば、従量に合わせたマイクロペイメントの仕組みが必ず組み込まれるはずです。ここにブロックチェーンを応用しないとは考えにくいです。

土地のレンタルが増える

移動式ハウスの進化に合わせて、土地を賃貸する駐車場型のビジネスが生まれます。マンションオーナーのように土地整備に対する投資市場が生まれるでしょう。

時代とともに劣化し流行も変わるような、自分が住みたいわけでもないカタログハウスを賃貸用に建てるよりも、移動式住居向けの最低限の設備を整備するだけの方が魅力的と感じる人がきっと現れるでしょう。ここにあたらしい投資機会が生まれるというわけです。

土地の証券化にはSTOの仕組みが最適かもしれません。STOの裏側にはもちろんブロックチェーンが動いています。

高齢者向けの集合施設が増える

高齢化問題の解決策の一つとして、郊外ショッピングモールに近接した集合型の介護施設サービスや、移動式ハウスを利用した病床などが生まれるでしょう。

人気の有料高齢者施設は10年以上の待ちが出ています。今後の高齢化社会の終末の家の確保は喫緊の問題です。

そこで、介護施設の増設が容易にでき介護する仕事に携わる人の利便性を考えることは必然で、社会全体で介護に従事する人の生活を支えるために、お金以外の形のインセンティブが得られる通用性の高いトークン・エコノミーが発展する可能性があるでしょう。

災害対策としてのコロニー型施設を推奨する補助事業

災害によって家を失った人が道の駅で車中泊をする、今まではなかった社会現象が起き始めています。行政としては数年先まで提供する仮設住宅の準備を考えるのと同時に、建設までの短くない期間についても、このような車中泊の増加への対策を進める必要があるでしょう。万一の災害に備えた被災者支援のための施設（設置や撤去が容易な仮設住宅）の準備と平時の運用を、ブロックチェーンで人手をかけずに管理するシステムの開発が補助事業と組み合わさって進むでしょう。

電力へのエネルギーシフトが加速する

電力の小売は自由化が進むでしょう。容量が大きくて安全な蓄電池が安価に利用できるようになり、相対取引が可能になるよう規制が緩和されると考えられます。

電力のマイクロペイメントの実験は世界中で取り組まれています。今後の規制緩和によって、ブロックチェーンによるP2P売電のビジネスが一気に始まると予想されます。

電力保証住宅

これから出てくると考えられているのが災害時の電力保証住宅です。賃貸の住宅で一棟に8部屋があるような住宅があり、その屋根には太陽光パネルが載っているとします。現在では屋根上の太陽光パネルで発電された電力は全部電力会社に買い取られてしまいます。

そのため、2019年の台風19号の時のように、太陽光パネルが発電を続けているにもかかわらず停電になっても電気が使えないというおかしな状態になっています。

そこで「普段は電力を内部で消費して、電力同士のバランスをとりましょう」という考え方が出てきます。住宅において、普段は昼間発電したものを内部で利用していって、あまった分を電気自動車や蓄電池に溜めて夜のために残すことで、再生可能エネルギーの利用を効率的に行うということです。災害が起きて電力の供給が絶たれたとしても、電気自動車や蓄電池に溜まっている分で最低限の電力が使えるでしょう。

かつ昼間は太陽が昇ればちゃんとそこでまた電気が溜まるので次の日も電気が使えるというような、一戸で独立して生きていけるような住宅になります。

自家発電した太陽光エネルギーを自分で使うというシステムだけなら今でも作れます。それに加えて、回路を切り替えて足りない所に融通するということが規制緩和によってできるようになれば、蓄電した電気自動車でレスキューとして足りない所に電力を提供し、誰がどこで発電したものかをブロックチェーンで証明して、電力の融通の対価として電気トークンを受け取るといった未来になると考えられます。

金融・保険への影響

デポジットを前提にしたサービス設定に変わっていく

サービスを利用する前にチャージすることによって、企業の未収金リスクを回避することが当たり前になるでしょう。

キャッシュレスの普及に従って、少額の決済を効率良く電子的に行いたいという事業者が増えてくると予想されます。従来は銀行にしか認められなかった資金移動を、額を制限した上で他の事業者もやらせてほしいという需要が生まれるということです。

事業者にとっては、1円単位のお釣りをデジタルの中で管理すればよく、人の手を介さないことで事故が起きるリスクを減らすことができます。消費者にとっては、キャッシュレス化による利便性を享受できるわけです。

規制緩和により様々なサービスが電子マネーで支払えるようになると、支払いからサービス提供までを自動化して効率を高めることができるようになります。ブロックチェーンのスマートコントラクトの技術が、消費者に近いところで活用されていくということです。

互助会モデルが増えていく

サブスクリプション・モデルに代表されるような、予測可能な収益をもとに利用者へのサービスを維持するという関係性が強まるでしょう。

消費者が、費用負担の軽減と事業の維持のどちらにメリットがあるかリアルタイムなデータ分析から天秤《てんびん》にかけてはかるという時代の到来はそう遠くないはずです。

サービスを使いたい人たちがそれぞれ相応に利用料を負担して、プラットフォームを持続させるという考え方がブロックチェーンの根幹にあります。

データ分析によって小口の保険のビジネスが成り立つようになる

おひとり様が増えてくることで災害・失業・事故・病気など未来の不安から救ってくれるサービスのニーズは増えてくるでしょう。この時、ビッグデータを活用したリスク分析を利用した小口の保険サービスの運用が可能になるでしょう。

ゴルフのホールインワン保険のように、滅多に起きないが遭遇したら一定の資金が必要な事象に目をつけるアイデアは以前からあります。しかしこれまでは、保険に関わる業務を実行する人件費を勘案すると低額の保険は実現できませんでした。これが、ブロックチェーンのスマートコントラクトの技術によって、人件費を抑えた低額のサービスとして実現できるようになるでしょう。インシュアテック（保険×テクノロジー）の発展にブロックチェーンは欠かせない技術になるでしょう。

権利の融通や貸し借りが可能になる

証券がデジタル化され、機械的に権利行使ができるようになることで、あたらしいサービスが生まれます。例えば配当金の受け取りが分刻みで行われたり、家族など複数人で利用可能な定期購読サービスができたり、株主優待の代理行使など、新たなサービスメニューが開発されるでしょう。

例えば入場券などのチケットは、不正な複製をされないように工夫して作られていますが、これまでのインターネット上では不正を避ける十分な技術が確立していませんでした。もちろん専用アプリによって、購入した個人に対してのみ有効なデジタルチケットを発行するサービスは出始めています。しかし、紙のチケットでは当たり前の「個人間での融通」まで可能なデジタル・チケットは限られていました。

これが、ブロックチェーン上で発行されるトークンによって、チケット一枚一枚が識別可能な状態で細かく管理されて、紙のチケットでできるような、グループ内での共有利用や個人間での融通がスマホでできるようになるでしょう。

国際送金の手数料が下がる

デジタルアセットの安全性が担保されることによって、これまで多くの人手を組み込むことで実現していた取引の信用を機械的に行えるようになります。これにより国際送金コストが減少するでしょう。

リップル（Ripple）のような海外送金が可能な仮想通貨の期待は高まってきています。

また、フェイスブックが主導している国際送金にも使えそうな仮想通貨リブラ（Libra）の発表によって、各国の金融担当者が本気でＣＢＤＣ（中央銀行デジタル通貨）の議論を始めました。まずは規制するところから入るとは思いますが、もっと大きな社会課題を考えると、じわじわと規制は緩和されていくのではないかと考えられます。

地域ごとの優遇制度が生まれる

どこに暮らしていても一定の生活水準は満たされるようになり、仕事中心の住まいの選択から環境中心の住まいの選択に人々の価値観がシフトする時代が来るかもしれません。

その社会では、自分がしたくないこと、自分ができないことをやってくれる人に多くのインセンティブが集まるような仕組みが望まれます。現在のお金とは違う形、例えばトークンでインセンティブがやり取りされる経済圏が生まれるかもしれません。

趣味と娯楽への影響

五感を喜ばせるデジタル技術が進化する

映像や音楽の分野ではすでに実体とデジタル再生の差異がほとんどなくなってきています。本やＣＤの所有の大半はトークン化されつつあります。空間や触感を体感するＶＲ技術・振動技術・３Ｄプリンタの再現性も進化を続けており、本物か偽物かはあまり重要でなくなってきています。

そのため、本物に対してのみ独占的に守られる価値を、複製品・コピー商品が支えていくという利益の配分の形が今後生まれるでしょう。レシピを発明した料理人に対してそのレシピを利用した調理人が価値を支払うといったことも一般的になるでしょう。

所有の概念が曖昧になってくる

何度も出てきている言葉ですが、所有という概念自体が曖昧なものになってくるでしよう。歴史的な美術品の所有も、一人で独占するのではなく、未来に残したい仲間同士で所有するようになるでしょう。

モノからコトへの欲求の変化はもう始まっています。そうした中で個人の価値観が変わり始めるでしょう。

ブロックチェーンで日本はどう変わるのか?

これまで、ブロックチェーンによってどんな未来の可能性がひらかれようとしているのかを考えてきました。

どちらかといえば、インターネットで起こる変化は地域限定で終わることは少なく、いずれ世界中に広がることが知られています。この世界中に広がるスピードが速いことがインターネットの大きな特徴です。ブロックチェーンがそのインターネットの上で起こっている変化と知りながら、これから始まるという時に「日本独自で考える」といった態度でいたら、その地域の未来がないことはお分かりでしょう。

今、日本は世界に取り残されているのでしょうか。そして、ブロックチェーンの世界同時競争の中で日本の勝機はどのくらいあるのでしょうか。

ある時期まで日本はブロックチェーンに関する技術の最先端を走る国で、この技術に寛容な国だったというと読者の方には驚きではないでしょうか。

実は日本はインターネットで（ブロックチェーンの基本技術の一つ）ピア・ツー・ピアのファイル共有の実用性を示した高い技術力を持つ国でした。しかも、どこの国よりも早く仮想通貨を法律の中に分類してビジネスを組み立てられるように制度化を進めた国なのです。

しかし、世界中から「日本がこの分野で非常に進んでいる」とみられていたのは3年くらい前まででした。技術はウィニー事件で、制度はコインチェック事件で「良くないもの」のレッテルが貼られてからは、表立った進歩を続けることができなくなりました。

日本では多くのブロックチェーンを使った活動に行政からストップがかかっている状況といってもいいかもしれません。事件の本質を掘り下げることはせず、この件に関わることを多くの人がただリスクと捉えて蓋をし、投資に積極的ではありません。日本の企業や研究者が国内での活動を自粛させられている間に、他の国はインターネット本来の可能性に投資や国家予算を注入し、着々と研究開発を進め、来るべき世界規模の技術開発競争を制する準備を進めています。

そしてここにきて、中国は巨大な物量と驚異的な組織力でインターネットビジネスの覇権獲得を目指して独自かつ素早い動きをみせています。

中国は中央集権的な覇権モデルでのブロックチェーン利用を考えていると予想できます。ブロックチェーンを利用し「情報を一滴も逃さないぞ」という個人への包囲網を作ろうとしているようにも見受けられます。

中国政府が主導する中央管理されたブロックチェーンでも利用者にとっては今までよりも便利になるでしょう。

むしろ便利すぎて手放せなくなるかもしれません。中国企業が提供する素晴らしいサービスは、グーグルと同じくらい世界中に広がり多くの人々が喜んで使うかもしれません。

「監視されているかもしれないが、それによって悪人が排除されて安全なら構わない。毎日残高がみえているのだから、政府に差し押さえられているわけではない（はず）。むしろこのサービスを規制して使えなくするくらいなら文句を言いたい」という価値観が浸透するかもしれません。

どの国、どの企業の仕組みであっても、グーグルのように便利となれば、直接顔を合わせないわけだから多くの人にとっては関係ないかもしれません。実際にＧＡＦＡがよく日本人に受け入れられている現実があるので、そうならないとは誰も言えないでしょう。

中国だけではありません。アメリカ・西欧・東欧・インド・アジア、どの国に対しても決して負けないと断言できるだけの材料がもはや今の日本にはないのかもしれません。利用料や情報を中国や他国に吸い取られていくわけです。海外ブランドの素晴らしいサービスを使わせてもらう代わりに、税金のように自分たちが働いたお金を喜んで差し出すようなものです。

そうした未来を選ぶか、選びたいか、私たちは決断しなければなりません。

ブロックチェーンをめぐる世界同時競争は、これから私たちがどんな世界に生きたいかの選択を迫っているのです。

そして、この本のはじめに提案したように、今なら私たちの意識を変えるだけで、日本発のサービスを開発して世界に挑む準備がぎりぎり間に合うのです。あらゆる革新的技術の最先端といわれているシリコンバレーが相手でも、ブロックチェーンに関しては戦えると断言します。アメリカにはアメリカの事情、既得権益が存在するため、中国ほどブロックチェーンには本気で踏み込めていません。

繰り返しになりますが、前述のように、世界各国がブロックチェーンに関しては同時競争を始めている状態なのです。

だから、流星のごとく日本の企業が世界に対してあたらしい旗を揚げることも可能な状況でもあるのです。インターネットはアメリカの巨万の国費で研究された技術の転用でしたから、アメリカ発の企業にとってやや有利でした。しかしその上のブロックチェーンの技術開発は、全くの横一列のレースなのです。まさにインターネット発祥の国アメリカの対極に位置するような中国が覇権を狙えるというのは、そういうことなのです。

国、地方などのあり方も変わる

現在日本の地方都市は、地方税と国からの補助金で成り立っています。その補助金は私たちが国に対して払う税金によって賄われており、つまり現在の地方財政は自立しているという状況ではありません。そのような国と地方都市の関係性もブロックチェーンによって大きく変わる可能性があります。

ブロックチェーンを活用すれば、地方が独自で資金調達をして自立していくというあたらしい選択肢が生まれます。実施には粘り強い対話と交渉、強力なリーダーシップが求められますが、法律が整えばＩＣＯやＳＴＯの仕組みを利用して地方都市でも企業のように資金調達が可能になります。

ブロックチェーンに限らず、グローバルに繋がるインターネットを基盤とした公共インフラを整備し、次世代のテクノロジーの発展やこれからの地域の担い手の育成に投資し、生活をするのも、仕事をするのも、大都市と変わらない環境を住民に提供することで、課題山積の現在の地方の状況も改善に向かうと考えられます。

ブロックチェーンに対する積極的な地方の取り組みは、まずは経済基盤の再生として実を結び、あたらしい投資手法による地方創生関連事業での雇用を生み出します。そして文化基盤の再生としてさらなる実を結び、シェアリング・エコノミーやトークン・エコノミーを取り入れた住民同士の交流が生まれ、その先にサステイナブルな都市として自立した社会が形成されていくのではないでしょうか。

ブロックチェーンがもたらすコミュニティ経済の復権

前節で自立した地方の話をしましたが、そのためには県・市・村・町といった集団が意思を一つに結束するプロセスが必要となります。

そしてこのプロセスには、学校や会社といった集団にとっても、もっと小さい単位のコミュニティにとっても共通する要素があり、ブロックチェーンから得られる改ざんの心配がない情報は、このような集団・コミュニティ全般について重要な役割を果たす可能性があります。

私たち人類はそもそも小さなコミュニティの中でお互い助け合って暮らしを立てていました。それが友好的／敵対的に統合され組織化され現在の世界の形になりました。組織化と一緒にルール化も進み、どんどん社会は複雑になっています。

ここで一つ疑問に思います。公平に競争しましょうとした時に、小さなコミュニティでは簡単なルールで競えるものを、何層にも階層化されたコミュニティではルールを理解できないとスタートラインにも立てないことが起こっているのではないでしょうか。そう感じる人が増えると仮定すると、いずれは昔のような小さなコミュニティに救いを求め、独自の経済圏が生まれる可能性だってあるのではないでしょうか。つまり独自のコミュニティ経済の復権という可能性です。

コミュニティ経済が生まれるプロセスとして考えられるのは、まず思想や趣味が一致する人たちが共通の価値を明確に定める。次にお互いが共通認識できる形で価値の受け渡しを行う方法を決め、特権的な管理者を作らずにそのルールを自走できるようにする。最後に自走する仕組みで不公平な状態が起こらないように全員が納得（監視）する。まさにこれまで説明してきたブロックチェーンを利用すれば、このようなことが実現できる可能性があふれています。

非常に身近な一例を挙げると、実は最近若い人の間でサウナブームが起きていて、その名もサウナーと呼ばれる愛好家が増えています。しかも、そんなサウナーたちの中には自分でサウナを作ってしまう人も現れています。そこでサウナー・コミュニティでは「サウナトークン」とか「サウナコイン」を発行して、コミュニティのメンバーが作ったサウナに入れてもらう際に支払うルールを決めてしまえば、サウナトークンはコミュニティ内で流通するでしょう。

もっと尖ったオリジナリティを目指したいなら、これから作る新しいサウナを決める投票トークンを発行して、サウナ室をどのような設備にするか、温度や湿度をどう管理するかといった具合に多数決で決めるというのも面白いかもしれません。

さらに、発行されたサウナトークンが欲しいと言ってくれる施設近隣の飲食店が現れたら、サウナトークンで食事ができるかもしれません。サウナ好きのドライバーが現れたら、サウナトークンで最寄りの駅まで車を走らせてくれるかもしれません。サウナ好きのエンジニアが現れたら……サウナをもっと楽しめるアプリを作ってくれるかもしれません。

サウナはあくまで一例で、企業がバックにつかず組織化されていないゲーマー・コミュニティやアイドル・コミュニティなどはたくさんありますから、すでに何かのコミュニティ経済が生まれていても不思議ではありません。

ただし注意が必要なことは、お金や金融が絡むと多くの場合で法規制の対象になるということです。この点ではプロ野球球団などの企業が管理する組織化されたコミュニティならば、その企業が公の認可を受けることで、売買を行うことができる可能性が高いです。

独自の経済圏を持ったコミュニティは、社会的な問題を解決する活動の原動力としても期待されます。

例えばカカオ豆は西アフリカのガーナなどの発展途上国で栽培されていますが、こうした地域は今も貧困に苦しんでいます。カカオ豆の状態では安く買い叩かれている現状に対して、貧困対策に取り組む有志企業が出てきています。

産地の技術と所得を向上させる目的で質の良い豆を選んで高い値段で買いつけ、正しく付加価値を保証できるように、仕入れた良質のカカオ豆を焙煎・粉砕するところから板チョコレートになるまでのすべての製造工程を一つの工房・工場で完結させる試みです。これは「ビーン・トゥ・バー」と名づけられ、注目が集まっています。こうした工程を先進国などの消費地に正しく伝えて付加価値価格を理解してもらい、カカオ豆のフェアトレードを実現するという考え方です。少し高い値段で良質のものを買って、それによって発展途上国の生産農家を応援するという考えです。

ビーン・トゥ・バーのような生産工程を持つ企業に賛同して、その認証マーク付きのショップを選ぶ方法が一つ。もう一つ、ブロックチェーンに記録された情報を追跡して、ショップに頼らず直接的に商品を選ぶという方法が考えられます。

チョコレートを消費者が流通全体の流れを観察して購入を決める、流通過程のトレーサビリティの分野です。カカオの愛好家で作るコミュニティで「カカオトークン」を発行するとします。カカオのトレーサビリティの仕組みを運用する人々に、「カカオトークン」を報酬として支払うといったことが考えられます。企業が受け皿になることができれば、アフリカの新しいチョコレート工場の権利をＳＴＯで証券化し、出資者はその工場からチョコレートを購入できるようにするといったことも可能になるかもしれません。

高度成長の時代に、私たちの生活は豊かになり自国の経済規模は大きく拡大していきましたが、一方ではその過程において格差や歪みを生みました。

私たちにはこれまでの行動によって生み出してしまった負の課題を解決する責任があるでしょう。そしてブロックチェーンはそれを果たせる技術でもあります。このあたらしい技術をもっと追求することで、今よりももっとフェアに取引ができるように導くことができるのです。

サウナトークンやカカオトークンの例はとてもシンプルに、貢献をした人へトークンという形で価値を配分するという、ただそれだけの思想です。

このようなトークンに共感する人々が集まり、コミュニティ内での様々な価値交換がトークンを経由して行われるようになり、行き着くところ、自給自足が可能な状態を目指すのが、次世代の理想のコミュニティの形になるかもしれません。

トークン革命の先にあるもの

最後に、来る未来のトークン革命の先について考えていきます。

大前提として、人間というものの本質には「より良きものになろう／しよう」という欲求があると考えられます。そして、理想の人間像を志向する行動の指針を共通の軸で定めることによって、理想に向かう人と人との行動を認識し、それに照らして相互の良い関係性を築けるのではないでしょうか。

ところが人と人との関係性というものは形がなく見えません。

何とかして目の前にいる人間から、その内面の人としての思想の部分のいくらかを認識できても、その人と関係している他の人はやはり分かりません。このような形がなく見えないこと、今は分からないと感じていることを、何らかのルールで分類して共通認識できる形を与えることができたらどうでしょう。今よりも少しだけでも確度を高く、人と人との関係性を理解しやすくなるのではないかと考えられます。

そのような共通認識の形がブロックチェーンのような技術で記録できるデータに変換できれば、騙す・騙されるリスクを回避できるでしょう。これによってより良い関係性を築く手助けになるかもしれない、という世界観もありえます。

あまりに現実離れした世界観ですが、ブロックチェーンがデータに与える信頼性というものは、人がシステムに与える情報のすべてについて嘘のないことを証明してくれる可能性を示唆しています。もちろん、今までそのようなことができそうだと思える仕組みが全く発見されなかったこともあり、我々は過剰に期待しすぎているのかもしれません。

しかしこれだけはおよそ確かなことで、どのような仕組みであっても、これから関係する相手の素性を知りたいという欲求、そして相手に映る自分をコントロールして伝えたいという欲求を、私たち人間は持っています。

そのような欲求に従って、最初に欲しいと思うのは「本当か」ということではないでしょうか。そして本質的には社会平和を望む心が、個としての「人間」の集団である

「人間社会」を全体と見立てた時、部分最適（個の最適化）から全体最適（集団の最適化）に向かわせる効果を、ブロックチェーンに期待するのかもしれません。

ブロックチェーン活用によって、ブロックチェーン以前の世界にはもう戻れないほどの便利さや公平さが得られると予測されます。

それにもかかわらずブロックチェーンがすぐに世の中に流行しないのは、ブロックチェーンが全体最適を生み出す技術ゆえに「全会一致で賛成」といった状況には至りにくいためです。部分最適の頂点に君臨する人たちにとっては嬉しくない事情がありうるからです。このような全体最適のために全員が合意する仕組みを作るには、法律などで強制するか、長い時間をかけて合意に至るかのどちらかでしょう。

繰り返しになりますが、ブロックチェーンの仕組みがすぐにはビジネスになりにくいのは、部分最適の仕事というよりも全体最適の仕事を志向するからです。従来の人間中心の社会の構造や仕組みをスマート化するというところにブロックチェーンの強みがあります。それには人の自由な／勝手な行動を縛る規制もありますし、既得権益を守りたい部分最適な人からの反対もあります。それらを破壊する革新性があるからこそブロックチェーン技術はなかなか爆発的には浸透していかないのです。

しかし、発明・発見された技術を社会に活用するかの最終的な評価は、人間社会の集団としての知性そのものをどういった方向に導くかによって決まるのではないでしょうか。

その一つとして、人と人との良き関係性を多く築けるように、不正のない取引や偽りのない証拠をブロックチェーン上で見える化するという発想があります。醜い足の引っ張り合いを助長しないように、悪い関係性はあえて見える化しないという配慮もありえます。クレジットカード会社などが自己防衛の目的で作成するような顧客のブラックリストをブロックチェーンで世界中に公開するようなことは避けなければなりません。

しかしこのようなセンシティブな情報の利用を社会で実現するには順番があります。もちろん積極的に利用したいと好反応する人たちもいます。しかし日本においては、やはり一歩ずつ順番をたどって実装を進める必要があるでしょう。本書でも、ブロックチェーンの活用はまずはトレーサビリティ、次にコスト削減、次に金融がきて、様々な要素が組み合わさってトークン革命に至るという道筋を描いてきました。

そして最後にたどり着く世界観が、この人と人との関係性の可視化です。感謝、共感、応援など、その人の行動の中にある関係性を見える化していくというのが、究極の未来の形だと思います。これらが揃ってブロックチェーンはあたらしい経済と世界をひらくのです。

4章

もっと分かるブロックチェーン

ここまで、ブロックチェーンがどんな未来をひらくのか実社会を中心に考えてきました。つまりここまでの章は社会的インパクトに重点を置いた応用編の話でした。

ここまで読んでくださった方の中には、「自分もブロックチェーンの社会実装に参加したい。うちの会社でも取り組んでみようか。もっと踏み込んで詳しい仕組みが知りたい」と感じてくださった方もきっといらっしゃるに違いありません。

そこでこの4章と5章では、ブロックチェーン活用の準備に入ろうとされる方のご要望に少しでも応えられるよう、ブロックチェーン技術の詳細について、やや難しい技術用語もそのまま取り入れながら技術編として話をしていきます。専門性の高いテーマですし、まだ進化の過程の技術ですから、冒頭でも書きました通り4章と5章は飛ばしてもらっても問題ありません。再度序章から3章までを読み返してみることで、きっとあたらしい気づきも見つかるでしょう。

4章では主にブロックチェーンの歴史とコア技術について説明していきます。続く5章ではブロックチェーンの課題とその解決法について解説していきます。

この後半の技術編を読み進めることで、世界中のブロックチェーン技術の研究者・開発者が日々どのような問題意識を持って技術の進歩に取り組んでいるのかをご理解いただけるものと思います。

《エグゼクティブ・サマリー》

●ブロックチェーンは分散型台帳の特徴を持つが、その特徴を成り立たせるために複数の中核的な技術を組み合わせて実現している。

●中核的な技術のテーマには、参加者の経済的インセンティブ設計、暗号技術、ネットワークのルート管理、などがある。

●システムの運用にはこれらの中核的な技術を融合させて、いわゆるビットコインのマイナーだけが支えるのではなく、マイニングしないノードも含めたブロックチェーン・ネットワークの参加者全員の働き（貢献）によって記録の不正を防止している。

●しかも、それぞれの仕事はプログラムされた自動処理であって、人間による作業の手間が不要なことがブロックチェーンの画期的（革新的）な重要ポイントである。

●一方で、まだ歴史が浅く技術者による高度な研究の進捗が待たれる課題も存在するため、人と時間の投資が必要である。何より技術の進歩は実際に使われる機会が多いほど加速度的に進むということは、過去の歴史をみても明らかである。

〈用語解説〉

ブロック：ひとまとめにした二重支払いがないことを検証した取引データの塊のこと。ビットコインは約2000の取引データを約10分に1回、一つのブロックにまとめるようプログラムされている。

ハッシュ値：任意の文字列（データ）を一定の文字数に変換する（要約する）ハッシュ関数と呼ばれる数学的な計算手続きを用いて得られる値のこと。例えば何万字もある小説を256文字に要約することができる。なお要約した文字列から元の文字列を作り出すことができない性質のものを一方向性ハッシュ関数と呼ぶこともある。

暗号鍵：データの中身を解読できないようにする暗号技術において、解読できなくする工程が暗号化、暗号化されたデータから元のデータに戻す工程が復号化で、この工程を実施する際に必要となる情報。使い方によって共通鍵・秘密鍵・公開鍵がある。イメージとしては秘密の質問に対する答え（合言葉、パスワード）のような仕組み。

パブリック・（ブロック）チェーン：ブロックチェーンを構成するネットワークの運営・管理方式の一つ。基本的には特定の大きな中央管理者が不在で何も制限されずに自由に参加／離脱が可能なブロックチェーンを指す。ビットコインの根幹となる思想である。ブロックチェーンを社会実装する上で、いかにパブリックに広げられるかが重要な議論である。

プライベート／コンソーシアム・（ブロック）チェーン：パブリック・チェーンに対し、ブロックチェーンに特定の管理主体（主にブロックの承認などを行う）が存在するブロックチェーン。すべてを非中央集権的にしてしまうことにリスクを感じる企業などの活用が増えている。一つの企業や団体などで管理するチェーンをプライベート・チェーンと呼び、複数の企業や団体などがコンソーシアムを組んで管理するチェーンをコンソーシアム・チェーンと呼ぶ。

ビットコインの誕生：ブロックチェーンはここから始まった

まずはビットコインの仕組み、その誕生についてみていくことにします。

デジタル上の通貨には二重支払い・二重譲渡の技術的な課題がつきまといます。これらの事故を避けるために集権的組織を作り、確認・承認作業を組織体制の中でルールをガチガチに固めて徹底して守らせる。つまり国や銀行など特定の組織に業務を独占させて法律の糸でぐるぐる巻きにするのです。

インターネットが現れて、その他の民間企業でも銀行のような仕組みが作れそうだと分かってきました。お金はダメでも回数券みたいなものをデジタル化してはいけないという規制はまだありません。そうして電子マネーが民間企業から誕生し、法改正・新規制度があたらしい網を張りました。銀行以外の別の中央集権に変わっただけで、まだ管理する組織が存在するマネーです。二重支払い・二重譲渡の事故の責任を取らせる主体が存在します。にもかかわらず、事故の責任を取らせる組織がいなくても安心して扱えるマネーとして登場したのがビットコインでした。世界で初めて中央管理者が不在でも機能する通貨の誕生です。

２００８年に「ビットコイン：P2P方式電子通貨システム（BITcoin: A Peer-to-Peer Electronic Cash System）」という論文兼目論見書がサトシ・ナカモトの名義でインターネット上にアップロードされたのが始まりでした。

最初は暗号研究者同士のメーリングリストに送られたといわれています。P2Pとは利用者相互通信方式とでも訳しましょうか。要するに利用者同士がインターネット通信するということです。

音楽ファイルを共有できるナップスターやウィニーというファイル共有ソフトをご存知の方もいらっしゃるかもしれません。サーバーを経由せずに直接クライアント同士でデータを交換できる通信方式です。これはこれで革新的な出来事なので詳しくお話ししたいところですが、ここでは簡単にさわりだけ。当時注目されたナップスターというソフトはインターネットという誰でも利用できる技術そのものの著作権問題を炙《あぶ》り出しました。

技術の驚異的な有用性に対して権利保護の十分な仕組みがあらかじめ備わっていなか

ったとして禁じ手とされましたが、歳月が経ち、このナップスターやウィニーで実用化されたP2P技術がブロックチェーンに昇華され、権利保護を果たす本命の技術になろうとしています。

このサトシ・ナカモトの論文が発表された3か月後の2009年1月に実際にビットコインが始動して、初めて50BTCが生み出されました。BTCとはビットコインの量を数える単位です。この最初の取引を含んだブロックは始祖ブロックやジェネシスブロックと呼ばれます。

なお最初のビットコイン取引の中には、イギリスの新聞「The Times」の2009年1月3日当時の一面の見出し「Chancellor on brink of second bailout for banks（銀行救済に2度目の公的資金注入へ）」という文字列が一緒に書き込まれています。

サトシ・ナカモトの意図が、その日付を取引日とした証拠のつもりだったのか、当時のイギリスの銀行に対する皮肉だったのかは定かではありませんが、この記事にある中央集権的なお金の管理の仕組みが破綻しそうだという問題提起は、ビットコインの方が実は安全かもしれないと思わせる客観的で説得力のある引用だといえるかもしれません。

ビットコインはそれからじわじわと10年以上の年月をかけて世界中に広がり、その技術を参考にした他の仮想通貨がいくつも世界中で生まれていきました。現在、数多くの仮想通貨が世に存在しますが、その基本設計はサトシ・ナカモトが考案したデザインを踏襲しています。サトシ・ナカモトは、ビットコインを世に出したことで、お金を民主化しようとしていたといってもいいかもしれません。

インターネットがそうであったように、ビットコインが誕生した当初は世の中から正しく評価されてはいませんでした。

一部の好き者（ギーグと呼ばれる人たち）の理解しがたい遊びの一種としての評価から、次第に技術的なことを知らない人も試しに買って、冗談半分で取引したら意外に便利で、という風にじわじわと広がっていきました。

一方で道具は使いようといわれるように、ダークウェブという不純な動機の人が集まるサービスの中の取引で利用されるようになって流通量が拡大していったという観測結果もあります。また一般の人々には、２０１４年に公になったマウントゴックス事件（２０１１年に１００億円以上のビットコインが仮想通貨取引所から盗まれたとされる事件）をきっかけに広く認知されたと思われます。

悪いイメージが先行したビットコインは、２０１４年ごろに広がり出したビットコイン２・０またはブロックチェーン２・０と呼称される運動によって技術の有用性が再び注目されるようになりました。

サトシ・ナカモトはビットコインのプログラム・コードをオープン・ソースでインターネット上に公開しました。そのため誰でも流用・改造して新たなブロックチェーンの仕組みを作ることが可能です。現在稼働しているビットコインのプログラムの変更に大きな影響を与えている技術者チーム（コア・ディベロッパー）には、ケン、トガミ、アキオなどの日本に馴染みのある名前が複数みられます。日本人かどうかなんてどうでもよい詮索よりも、サトシにしても他の人にしても、ジャパン・カルチャーに関心がありそうな技術者がブロックチェーンの高度な技術を支えているというのは好意的に受け止めたいと思いませんか？

このようにしてビットコインが世界に誕生し、それに共感したエンジニアや多くの人々の手によって世界中に広がっています。

ビットコインのブロックチェーンを支える仕組み

ブロックチェーンを動かす技術的な仕組みは、いくつかのカテゴリーに分かれます。デジタル通貨のシステムを構築しようとすると、誰にどのくらい資産があるのか（計量）、誰から誰に資産が移動されたのか（送信・受信）、その結果今はどうなっているのか（集合・分割）、を実行できなければなりません。その実行において、誰に書き込む権限があって（排他制御）、誰がその記録を保持していて（情報共有）、誰がそれを承認するのか（認証）、を利益相反する人が集まる場で間違いなく確実に処理しなければなりません。

それぞれはソフトウェア開発者には馴染みの機能ですが、これら技術的解決策を全部詰め込んだのがビットコインです。しかもサーバー的役割を一台も立てずに、すべてクライアントだけという環境下で、です。それぞれのカテゴリーの要素技術を習得した技術者であっても、このようなアイデアは人間社会の事務系をイメージして思考する限り決して思いつきません。

ビットコインではコンピュータの一台の単位を、サーバーでもなくクライアントでもなくノードと呼びます。ノードは時にはサーバーのように振る舞い、時にはクライアントのように振る舞い、他のどのノードとも能力に違いはありません。ちょうど万能細胞のようなイメージでよいでしょう。そしてビットコイン・ノードは、ビットコインで扱われた取引の全部、完全なデータを自分の内部記憶装置に保有します。

ビットコイン・ノードは全部の仕事を一人で行います。原則として役割分担はありません。計量、送信・受信、集合・分割、の仕事をすべて自分で実行します。そして排他制御、情報共有、認証、をいかに他のノードと喧嘩せずに行うか（合意形成といいます）が重要なポイントで、それを可能にするアイデアをゲーム理論によって導き出しました。

プルーフ・オブ・ワークというアイデアです。

情報共有はＰ２Ｐ技術によって実現します。認証は署名技術（暗号技術）によって実現します。この２つはすでに実用化されていて様々なサービスで利用されているものと基本的には同じです。最後のピース「排他制御」ができるようになって、サーバー的役割がいなくても、各ノードに共有されるデータ（ブロックチェーン）があたらしいものに同期できるのです。

ビットコイン・ノードが共有するデータの構造には、排他制御が可能になる重要な仕掛けが埋め込まれています。その仕掛けは例えば次のようなものです。

誰かと誰かが数字が書かれたメモを共有しようと考える時、どういうルールでメモを書くでしょうか。「今夜3名で予約お願いします」と電話をかけると、店側はメモに「3名」と書きますね。ここまでが共有の初期状態です。次に「やっぱり4名に変更をお願いします」と伝えられた店側の行動がポイントです。「3名と書かれたメモに、あたらしく4名と書いたメモを重ねる」というルールにします。つまり「3名」と書かれたメモには手を加えずに、あたらしいメモを作って共有できるのです。

世の中の半数以上の人は、そんな面倒臭いことは考えずに「3名」のところを消しゴムで消すか横線を引いて同じメモに「4名」と書こうとするのではないでしょうか。それではダメなのです。後から修正できるデータ構造を考える限りサーバーの呪縛から逃れられないのです。

ビットコインは記録の「付け足し」ルールを前提にするデータ構造だからこそ、サーバーがなくても排他制御が可能な情報共有が実現できるのです。同じように思えるでしょうが、現在の最新の記録を直接訂正することと、付け足すことには注目すべき差があります。一度は他の誰かからもらったデータが正しいか否か必ず自分で検査します。そして間違いがないと信用したデータを保管します。これが直接訂正してもよいというデータ構造だったら、訂正後のデータをまた検査しないといけません。

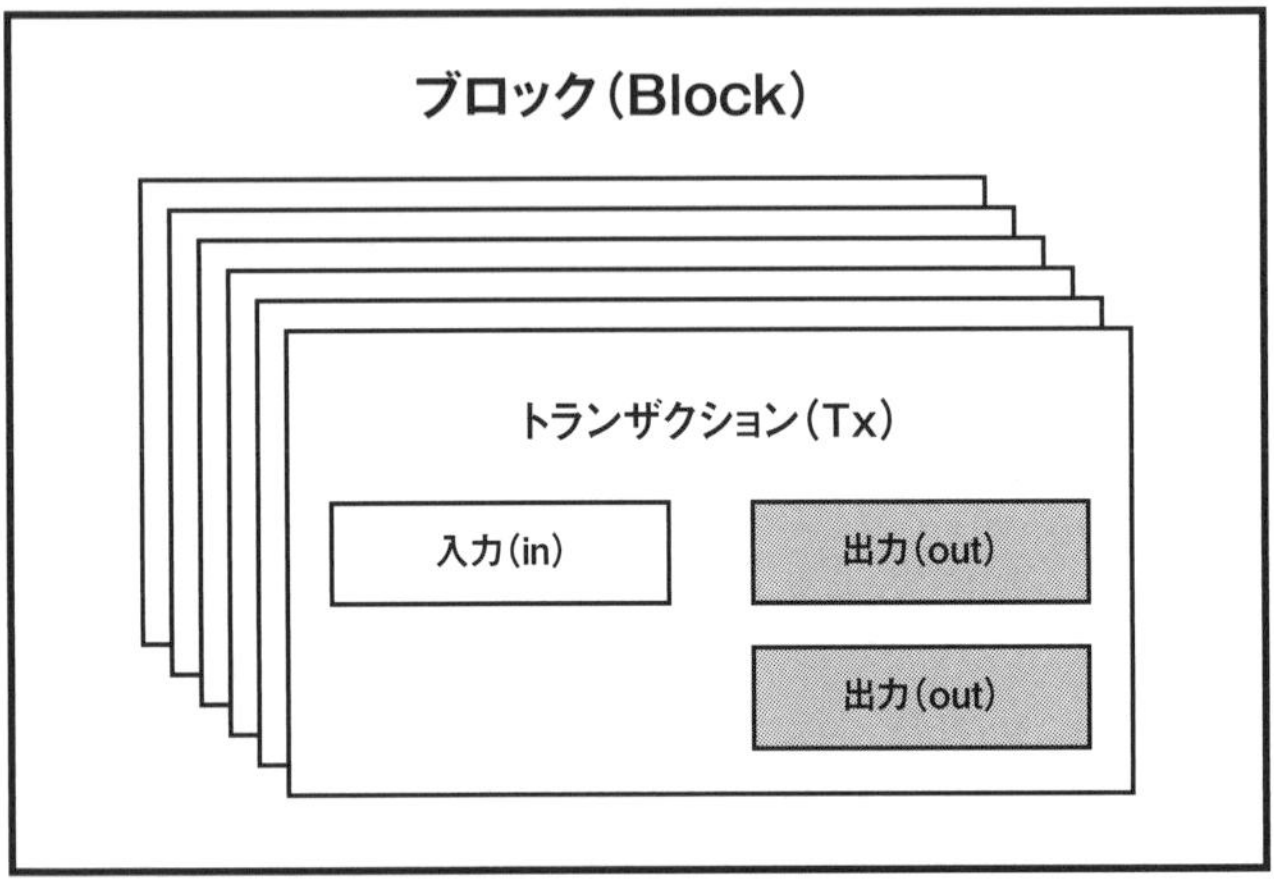

ブロックのイメージ

付け足すルールのデータ構造の場合は過去の分の再検査は不要、付け足されたあたらしいデータを検査すればよい。しかも付け足しルールでは順番が明らかで、過去に遡って再検査しようという時にも対応できます。

チェーンに繋げて誰でも検査ができるデータ構造にした上で、誰が独占的に新しい記録を作りすべてのノードに付け足してもらうか、どのブロックを信用して自分のノードに付け足すか、を明確に答えられるルールを決めます。

信用できるブロックを一つだけ選び取り、それ以外を排除できなければなりません。このような排他制御の課題は古くからある情報処理分野のテーマで、例えばトークンリングと呼ばれるハンカチ落としのような決め方もありますが、完全パブリックなインターネットではワークしません。そこでビットコインではハッシュ計算を用いた競争原理を持ち込みました。これはゲーム理論的に非常によくできたアイデアで今もなおワークしていますが、後述するファイナリティの問題が指摘されています。

ハッシュ値はハッシュ関数を使った計算結果で導き出されます。ハッシュ関数にもタイプがあり、ビットコインで使われるようなハッシュ関数は特に暗号学的ハッシュ関数といって強衝突耐性など、暗号に用いるための十分な性質を備えたものです。一方向性

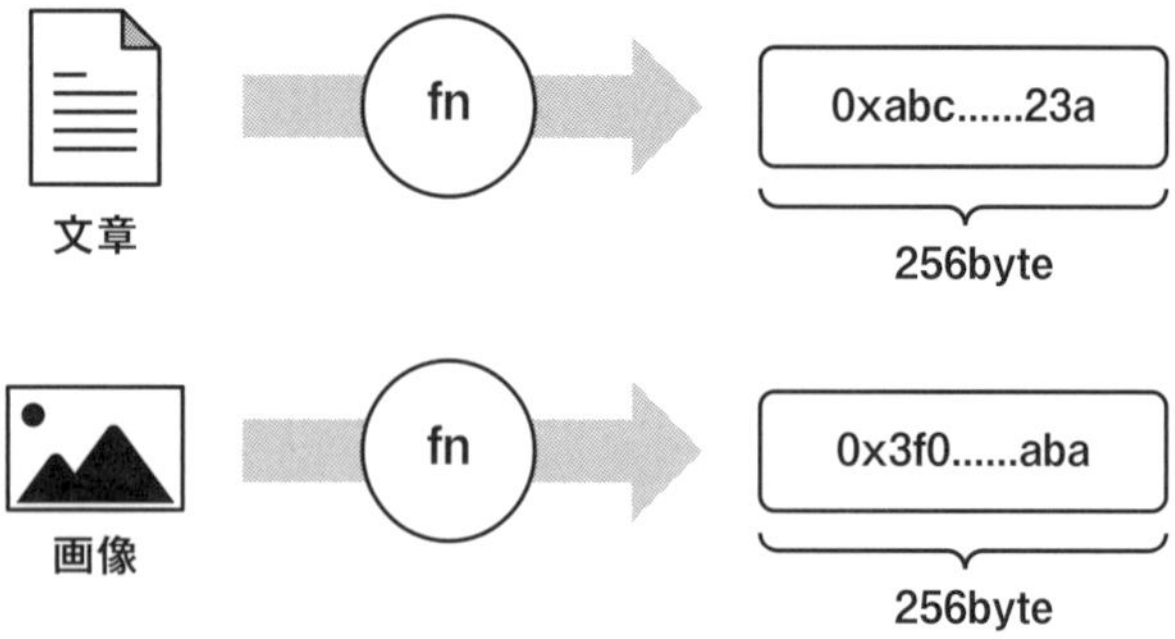

ハッシュ関数:変換は一方向で入力データ
にかかわらず出力は一定のサイズ

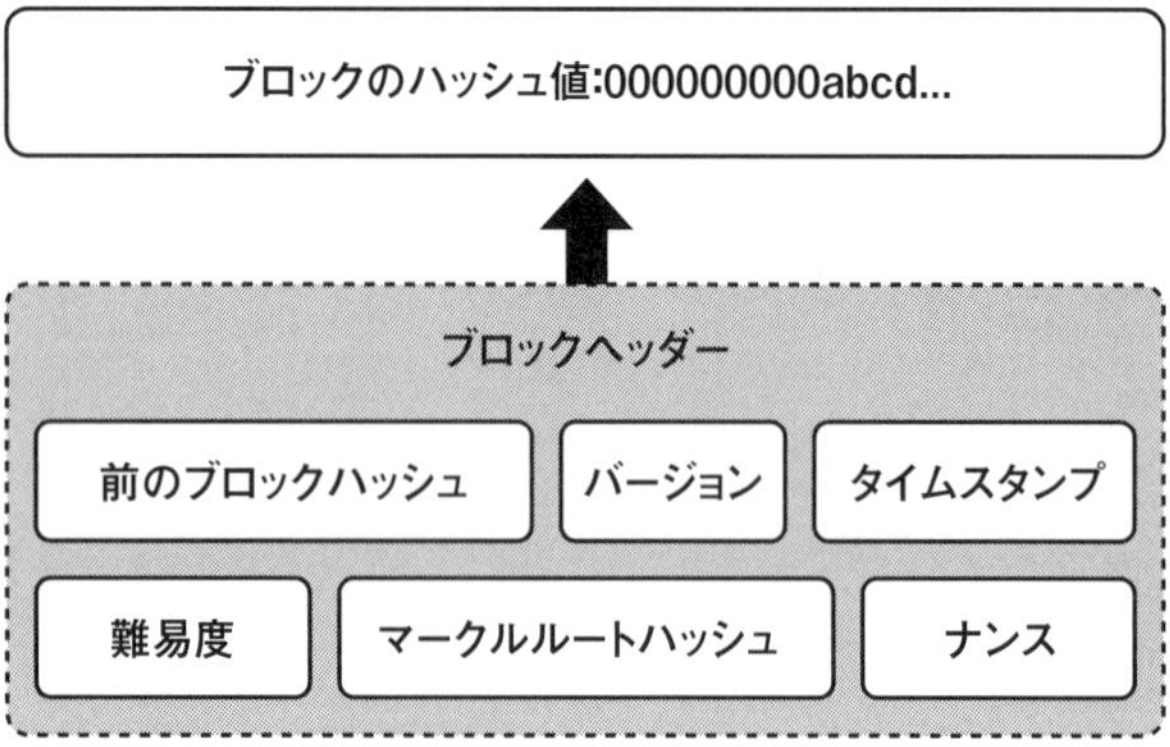

PoWのイメージ

ハッシュ関数ともいいます。これまでに暗号の強度や性能を高めながら研究成果が発表されており、ビットコインで使われる関数はSHA－256とRIPEMD160の2つです。

プルーフ・オブ・ワークは、ある難易度の条件を満たすハッシュ値を見つけるまでひたすらCPUに計算をさせます。

この計算で条件を満たすハッシュ値を初めて見つけたコンピュータが、あたらしい記録を付け足す権利を有します。条件とは、例えば先頭に0が15個並ぶハッシュ値であることです。この0の数が多いほど見つかりにくいといえます。ハッシュ値はこれから記録しようとするあたらしいブロックの内容をもとに計算しますが、ランダムなのでぴったり条件に合うハッシュ値は得られません。

マイナーはブロック内の自由に変更できる領域に適当な数（ナンス）を書き込んで、得られるハッシュ値を操作してよいことになっています。ナンスによって全く異なるハッシュ値が得られ、ナンスの変更とハッシュ計算を繰り返しながら目的の条件に合う状態を探します。条件を満たすブロックを生成したコンピュータは、報酬として一定量のビットコインを取得できます。報酬は定期的に半減期があり2020年7月現在のマイニング報酬は6・25BTCです。

ビットコインの排他制御を完全にするためには、ハッシュ値を使ったプルーフ・オブ・ワークの競争に加えて、もう一つ重要なルールがあります。たった一台に絞るために途方もない難易度の計算をさせたら、いつまで待っても一向にあたらしいブロックが作られない状況が予想されるためで、難易度は10分で計算できる程度に調整されます。その時、10分以内に複数のコンピュータがナンスを見つけ出した場合を処理するためのルールです。

その競合時を考慮したルールがチェーンの分岐を許すデータ構造と分岐したチェーンの信頼性の評価です。ブロックは原則としてあたらしいものから古いものを参照できる構造で記憶されます。競合がなければ一直線で表現されます。ここで競合が起きた場合は、複数の異なるブロックが一つの同じブロックを参照する状態が生まれます。つまり一直線ではない枝分かれで表現されます。ビットコインはこの状態を許容します。つまり複数のブロックはどちらも本物・どちらも正解というわけで、これをビットコインの歴史が分かれたと言うこともあります。

その状態で次にあたらしいブロックを作る時、中に含めてよい古いブロックの参照は一つだけに限定されていますから、複数のいずれか一つを選ばないといけません。ルール的にはどちらを選んでも構いません。そのようにして枝分かれしたままチェーンが伸びていきます。長さが同じ時はどちらでもよくても、長いチェーンと短いチェーンに差が出てきた時、マイナーはどちらを選ぶか重要な判断を迫られます。自分が繋いだブロックの10分後、果たして他のマイナーはどういう行動をとるか？

さて、短いチェーンを選んだ方が自分のブロックの後に次のブロックを繋いでもらえない可能性が高いのがお分かりでしょうか。チェーンが短いということは、そのチェーンに繋がるブロックを評価したノードが少ない、そのチェーンに計算コストをかけたマイナーが少ない、と評価するためです。長いチェーンほど他のノードに見捨てられないだろうという判断が生じるわけです。この暗黙の合意が確度の高いチェーン、正しいビットコインの歴史を選び取る重要なもう一つのルールなのです。

計算方法は、分岐した各チェーンについてブロックの難易度と長さを掛け算したブロックマイニングの重さを割り出し、大きいもので決めるわけですが、要は計算量が一番消費されたブロックチェーンを正しい歴史と定めるわけです。

プルーフ・オブ・ワークと「長いチェーンが正しい」という2つのルールが揃って初めてどのチェーンが正当なチェーンなのかというのが、決められるようになっています。

両方を合わせて「ナカモトコンセンサス」と呼ばれます。

次に、実際の取引の流れを追ってみます。

ノードは通常、一台単独で取引記録（トランザクション）を作成します。ビットコインを持っている側が受け取る側への取引記録を作成します。トランザクションの作成は署名技術によって秘密鍵を持っているノードにしか作れません。そうして作ったトランザクションを他のノードに公開します。

他のノードは公開されたトランザクションに正しく署名がされているか、データ構造に誤りがないかを検査してから、問題がなければ他のノードにも伝搬させて一時預かりにします。そうしてマイナーが預かるとあたらしいブロックに取り込まれます。この伝搬は近隣のノード間で互いに拡散されて、時間差はありますがいずれ世界中のすべてのビットコインノードに行き渡ります。

マイナーがどのトランザクションを取り込むかは自由です。トランザクションにはマイナーが受け取れる取引手数料を設定できますから、マイナーにアピールしたい場合は少し多めの手数料を設定してもよいですし、そうしなくてもよいということです。

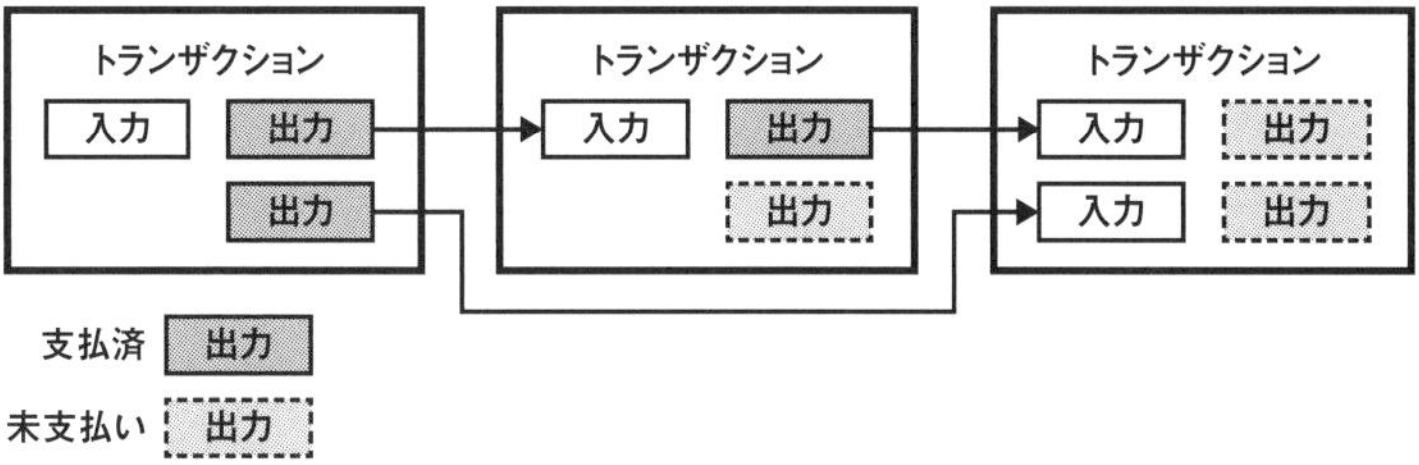

ビットコインのトランザクション例

マイナーとしては同じ処理をするなら報酬が多い方を選びたいかもしれませんが、単純に預かった順番に処理するかもしれません。伝統的なビットコインは、1ブロックあたりのトランザクションのデータ量を約1メガバイトまでとするデータ構造上の制限があり、1メガバイトに入る取引記録の数はおよそ2000個です。「伝統的な」と断ったのにはわけがあって、前述のビットコインの歴史が分かれる仕掛け（フォーク）によって、あたらしいデータ構造のチェーンに乗り換えたノードがあるからです。そちらのチェーンではもっと多くの取引記録を一つのブロックに入れることができます。

実際の取引記録の中身、トランザクションのデータ構造を理解するには、三式簿記のイメージで捉えるとよいかもしれません。複式簿記の場合、出ていったお金（借方）と入ってきたお金（貸方）を2つ同時に記録しますが、三式簿記の場合は、出ていったお金と残ったお金と入ってきたお金を3つ同時に記録します。

まず10BTCをもらった時の書き方は、出ていったお金が0BTC、残ったお金が10BTC、入ってきたお金が10BTCとなります。次に、ここから5BTCを誰かに送金する時の書き方は、出ていったお金が5BTC、残ったお金が5BTC、入ってきたお金が10BTCとなります。

注目すべきは、「残ったお金」は「自分に送ったお金」として扱うことです。最初の

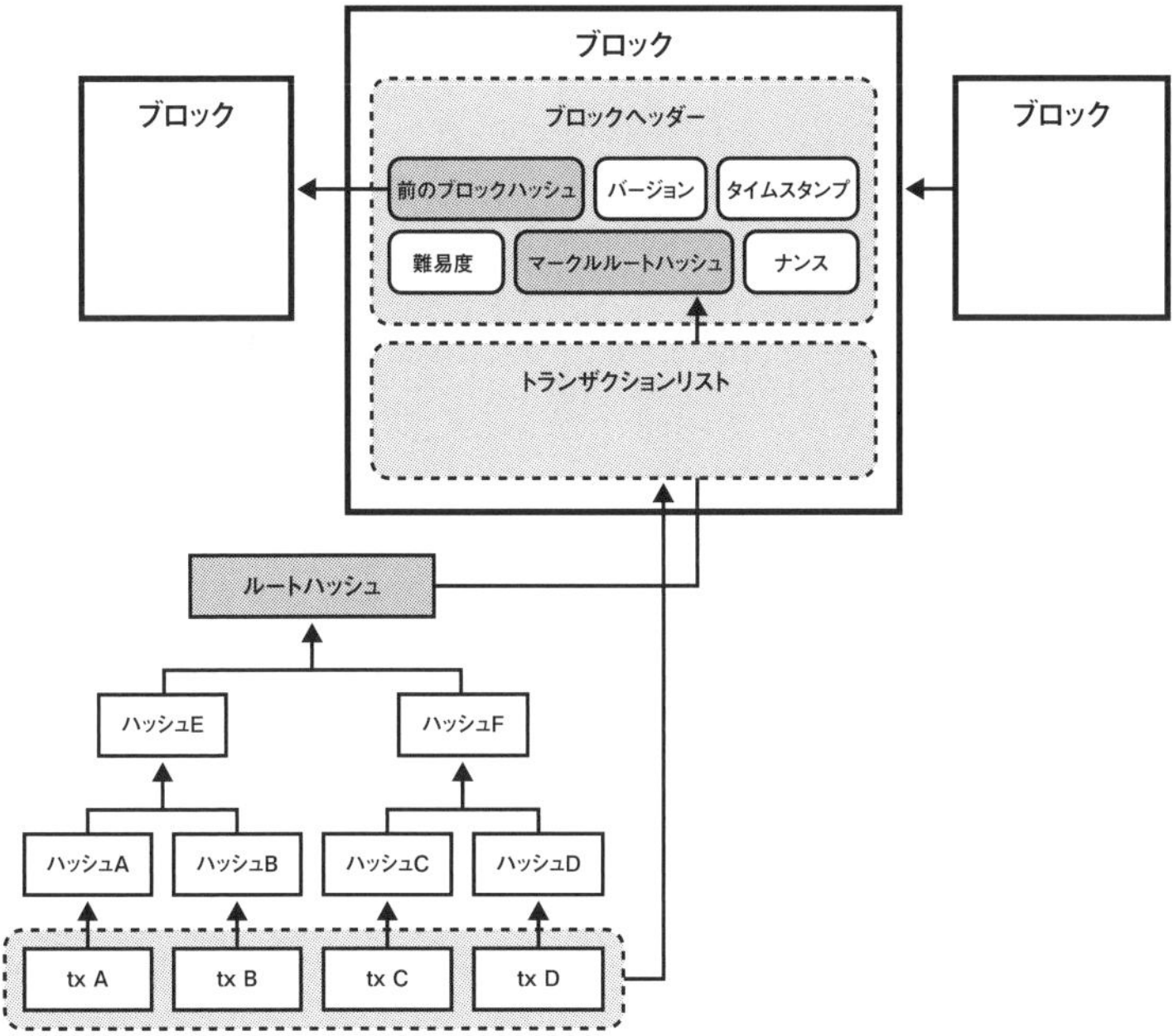
ブロック
ブロックヘッダー
前のブロックハッシュ
バージョン
タイムスタンプ
難易度
マークルルートハッシュ
ナンス
トランザクションリスト
ブロック
ブロック
ルートハッシュ
ハッシュE
ハッシュF
ハッシュA
ハッシュB
ハッシュC
ハッシュD
tx A
tx B
tx C
tx D

ビットコインの構造

記録で10BTCが残ったお金に書かれているということは、すなわち、次の記録では入ってきたお金に数え上げるというルールです。この三式簿記の記述方法によって、どの取引記録（トランザクション）をみても、「入ってきたお金＝出ていったお金＋残ったお金（自分に送ったお金）」という式が成立しないといけないことになり、このルールを利用して各ノードは取引の正当性を検証します。

本節の最後に、プルーフ・オブ・ワークのアイデアの秀逸さ、難易度の自動調節機能について簡単に説明します。先ほど難易度は10分で計算できる程度に調整されるといいましたが、誰がどうやって調整（調節）するのか、なぜ固定ではなく調節なのか、これがとにかくユニークで面白いのです。

プログラムには次のように書かれています。2016ブロック（時間換算で約2週間）の間に繋がれたブロックの長さから平均間隔を割り出し、それが10分間より小さかったら難易度を高く、10分間より大きかったら難易度を低く設定してマイニング計算してよい、というものです。難易度はノード自身が自分で決めるのです。そのようにして自分で難易度を設定し自分でナンスを見つけて自分で生成したあたらしいブロックを公開して、他のノードが評価するのです。

わざわざハッシュ計算のコストをかけてズルをした不正なブロックを作っても、チェーンに繋いでもらえなかったら無駄になりますから、真面目に仕事（厳密な処理）を行います。そしてなぜ難易度を固定しないのかというと、ビットコインに参加する人間の行動、すなわち、マイナーが増えたり／減ったり、性能が高くなったり／低くなったり、という将来の不確定要素を見越して、連続した周辺時間を切り取って、固定ではなく平均として10分間を計算させるというアイデアです。

これは、今まで誰も思いつかなかった世紀の大発明です。

ビットコインの中核技術

ビットコイン／ブロックチェーンの技術は、実用化されてはいますが未だ完成されたものではなく、研究テーマも多く発展途上の段階にあります。

完全にパブリックな通貨を目指すビットコインの最も重要な中核技術、プルーフ・オブ・ワークですら、全く課題がないわけではありません。例えば世紀の大発明ともいえるマイニング時の難易度の調節についても、強大なハッシュパワーを持ったマイナーたちが２０００ブロックほどをチェーンに繋いだ後に、一斉にマイニングの仕事を辞めるようなことになったら、その後の長い間、難易度が下がらず、10分どころかいくら待ってもナンスを見つけられるマイナーが現れず、なかなか新しいブロックが作られないような状況が起こりえます。そして取引が成立せず、新たなビットコイン離脱者が増える悪循環が生まれる可能性があるのです。

この問題には実は別の解釈があって、理論的にはそうなる恐れは否定できませんが、経済合理性を考えるとマイナーがそういう行動を進んで行うとは考えられない、つまり発生しないだろうということです。多くの費用をつぎ込んでマイニングしたビットコインをマイナーがわざわざ捨てるようなことをするか？　きっと故障などの望まない事故でも起きない限り、利益を追求してマイニングを続けるでしょうし、ハッシュ計算に疲れたとしてもノードを捨てて関係を断ち切るようなことはせず、ビットコインの維持に寄与する働きは続けるはずです。

技術的な課題は未解決でありながら、インセンティブ設計が惹きつける経済合理性に助けられているという、何とも微妙なバランスでシステムが維持されています。これはビットコインほどのノードの広がり、金銭的価値が認められているからこそ成り立つ話で、他の仮想通貨ではこうはいきません。

次に、ビットコインを含む改ざんを困難にするすべてのブロックチェーンに不可欠な中核技術、デジタル署名についてですが、ビットコインは楕円曲線暗号を用います。そしてこの方式は鍵を作り出す秘密の値を、手間暇をかければいずれ見つかる（とはいえ今のコンピュータの性能では膨大な時間が必要で現実的ではない）という課題があり、量子コンピュータが実用化されると、そのリスクが飛躍的に高まるといわれています。

デジタル署名は秘密鍵と公開鍵を使い分け、ノードは誰にも分からないように秘密鍵を持っておきます。署名対象のデータ（トランザクションのハッシュ値）に対して自身の秘密鍵を使って署名を計算し、その署名と対応する公開鍵が含まれるトランザクションを他のノードに公開します。受け取ったノードはトランザクションのハッシュ値と公開鍵と署名から、公開鍵と対応する秘密鍵で作成された署名かどうかを検証します。これを「署名検証」といいます。

続いて、中央集権的な存在のいらない情報共有の仕組みを構築するために不可欠な中核技術であるP2Pネットワーク技術についてです。ビットコイン・ノードのソフトウエアの大部分は、自動的にノード間でデータ構造を共有することを目的とした機能（プログラム）で構成されています。

ソフトウェアを起動した時、まず他のノードがいるのか／いないのか探しに行きます。最初の立ち上げを手伝ってくれるシーダーと呼ばれるノードめがけてメッセージを送ります。応答があったらデータベースを同期する準備に移ります。応答がなければ別のシーダーを探します。

他のノードが見つかったら、それらのノードから過去のすべてのブロックチェーンを送信してもらいます。送られたデータで同期が完了したら準備が完了で、取引記録を作成する場合は過去のブロックの中の自分宛の未使用のトランザクション（ＵＴＸＯ）を入力して、あたらしいトランザクションを作成します。作成したトランザクションは他のノードが受け取れるようにブロードキャストします。

自分の周りに新しいノードが立ち上がって、データベースの同期を求めてきたら、先ほどの反対で自分のブロックチェーンをそのあたらしいノードに送ってあげます。このようにして中央サーバーがいなくてもノード同士でデータを自動的に共有し合うのです。

ブロックチェーンはすべてのデータベースを全ノードが持つ設計なので、一つ一つの取引記録は小さくても、長期間の運用を考えると膨大な量になります。また、あたらしい取引記録から古い取引記録をたどる操作は効率良く行えるのですが、その反対はできません。膨大なデータの保管と検索の課題があるということです。

P2P技術の特徴をおさらいすると、普段私たちがWebサイトを利用する時、どこかに存在するサーバーに接続し、データを要求しますが、ビットコインの場合、サーバーは存在せず、自分と同じ機能を持ったノードからデータをもらいます。互いにサーバーでありクライアントであるという関係でデータを共有します。

ネットワーク上で、どれか一台のノードがダウンしたり、あるいはほとんどのノードがダウンしたりした場合であっても、一台でも残っていればシステムは維持できます。その後に復旧したノードが同期されて、また元の複数ノードがいるネットワークに自動的に復旧するのです。この性質は、サーバーを必要とするネットワークが抱える「単一障害点」の弱点がない、外部攻撃に強い耐性を持つということがいえます。

ここまで説明した中核技術の他にも、例えば「オニオンルーティング」という仕組みがあります。データを伝搬する中継者は、隣のノードは分かるが、最終的にどのノードにデータが届くのかが隠されていて分からない、ということを実現する技術です。玉ねぎの皮みたいに何重にも暗号化されていて、中継者は一皮分しか復号する鍵を持っていないという仕掛けです。

イーサリアムの誕生：こうしてブロックチェーンは誰でも使えるようになった

ビットコインの潜在的な可能性に早くから気づき、この仕組みを応用した、プログラムが容易に開発でき実行が可能なブロックチェーン、というものを実現する理想に燃えた若者が現れました。

ヴィタリック・ブテリン。２０２０年１月に26歳になったばかりの若者です。彼が中心になって作ったシステムは、その名を「イーサリアム」といいます。なおイーサリアムはそのブロックチェーン・プラットフォームを指す名称で、そのプラットフォームを維持するために発行されている仮想通貨はイーサ（ＥＴＨ）と呼ばれています。

ヴィタリックはもともと理学系で数学の研究をしていました。天才児だったのですが、そのヴィタリックがビットコインの仕組みに感銘を受けました。

そして、これをさらに発展させ、コンセンサス・アルゴリズムなどを任意に組み替えることができるブロックチェーンを作ろうという発想に至りました。ブロックチェーンのためのブロックチェーンです。ブロックチェーン技術のプラットフォームといってもよいでしょう。ヴィタリックはプログラミングが専門ではなかったため、プログラマーとして実績を積んでいたギャビン・ウッドが参画することで実現できました。

イーサリアムがビットコインと大きく違うのは、任意のスクリプトを実行可能にすることによって、ブロックチェーンのプラットフォーム的な存在になった点です。よくスマートコントラクトといわれますが、何かしらの契約を表現可能にしたというのが一番大きな貢献です。

さらにイーサリアムでは契約の状態を表現するために、アカウントというものを持つようになりました。ビットコインはトランザクションの集まりであったため、ある瞬間の誰かの残高というのは、その瞬間に切り取った時のまだ未使用のトランザクションをかき集めた数字の合計でしかありませんでした。そのため、相手が何ビットコインを持っているという情報は保有していません。これに対してイーサリアムはアカウントとして「相手が何ＥＴＨを持っているか」という情報が刻まれています。

イーサリアムでは単純な文字列を保存するものであれば、今保存されている文字列が何であるかという説明まで、すべてブロックチェーンとして保存されて共有されています。こうしたものを保存することにより、ビットコインよりも表現の幅がはるかに広がっています。その上、ビットコインと同じように変更履歴の安全性と過去の改変の困難性をも達成しています。

ビットコインの場合は単純に送金自体を表すのがメインです。イーサリアムはある意味スマートコントラクトを動かすためのトリガー的な意味合いが強いので、基本的には送り元アドレスというのは一つしか指定できません。また、取引として誰に送るかの宛先も一つしか指定できません。その代わりに、スマートコントラクトを実行するために必要な引数を入れる場所があり、そこにある程度大きなデータを入れることが可能となっています。

イーサリアムが可能にした世界

もう少しイーサリアムについて詳しくみていきましょう。

イーサリアムの仕組みを理解することで、なぜイーサリアムがブロックチェーンの利用を加速させたのか、どんな社会的なインパクトを持っていたのかが分かると思います。

実は、先ほどみてきたスマートコントラクト自体もイーサリアム上で保存されるプログラムコードです。取引にはいくつか種類があります。1つは単純な送金のトランザクションです。もう一つはスマートコントラクトを作るためのトランザクションです。最後の一つがスマートコントラクトのある関数を呼び出し実行するためのトランザクションです。大きくこの3つがあります。

2つ目の「スマートコントラクトを作るためのトランザクション」を実行することで、スマートコントラクトのプログラムがイーサリアムのネットワーク上に永久に保存されます。イーサリアムの参加者すべてが同時にこのシステムを保有することになります。スマートコントラクトのシステムにはそれぞれアドレスが割り当てられます。

次にスマートコントラクトを実行する場合は、生成時に付与されたアドレス宛に取引を行うという形をとります。それによって、スマートコントラクトを実行することが可能になっています。

ビットコインの場合は取引データをすべてのフルノードが持っていました。イーサリ

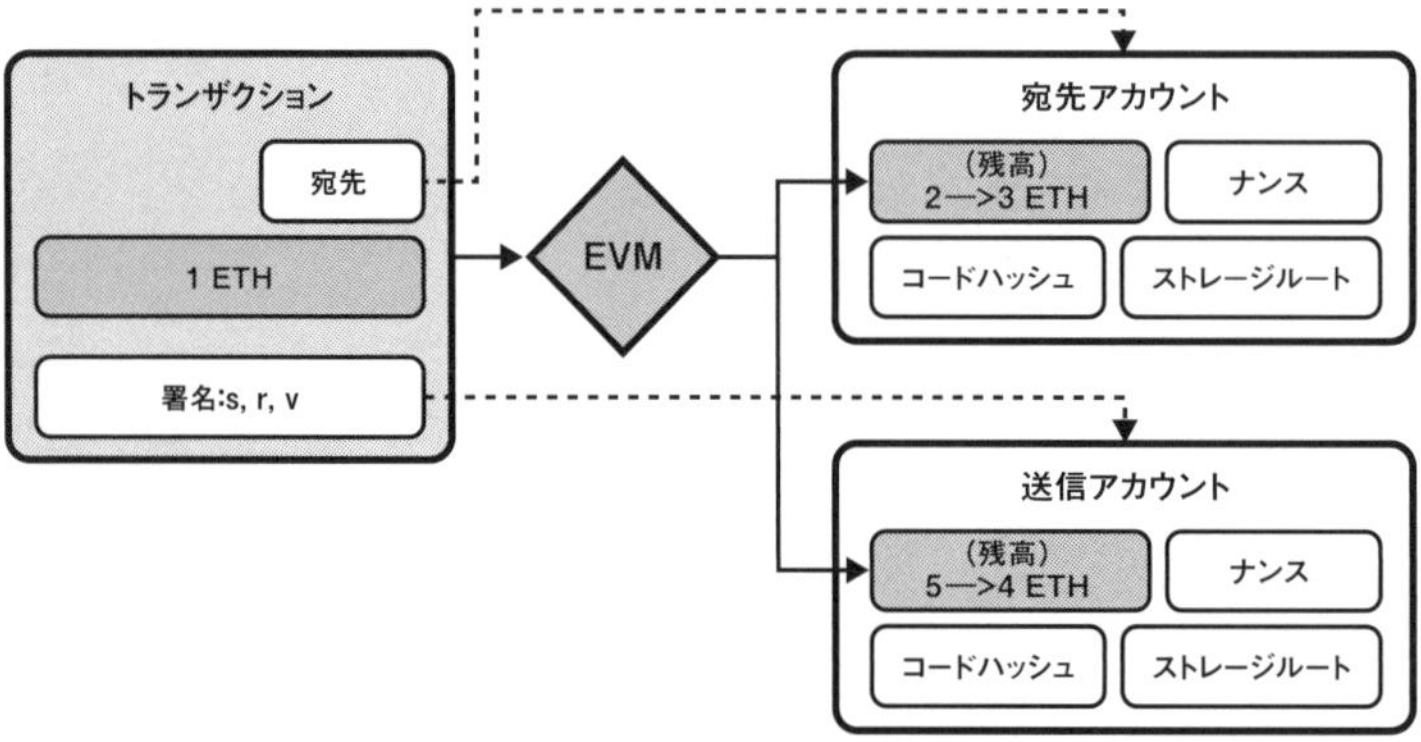

イーサリアムのトランザクション例

アムの場合は、イーサリアム上で毎日作られている、どこの国の誰のものかも分からないゲームのスマートコントラクトなども含めてすべてのデータを持っているということです。そのためビットコインよりも、フルノードが保有すべきデータははるかに大きくなっています。

イーサリアムでは、一般のプログラマーが使うようなコードでスマートコントラクトが作成でき、普通のプログラミングと同じような形でスマートコントラクトが保有する関数を呼び出すことができます。一般のプログラミングと親和性が高いために、エンジニアからするとビットコインよりも幅広い表現ができるようになったというのがイーサリアムの大きな特徴です。

このように、イーサリアムは任意のプログラムを実行するエンジンを持っています。ただし、イーサリアムはブロックチェーンであり、パソコンではありません。そのためプログラムを仮想的に実行しています。このような仕組みを一般的に「バーチャル・マシン」と呼びます。つまり、イーサリアムは独自の「イーサリアム・バーチャル・マシン」、略してEVMを持っています。

スマートコントラクトを実行するという時にはプログラムをこのバーチャルなマシン

上で実行することになります。実はビットコインも独自のバーチャル・マシンを持っているのですが、ビットコインとイーサリアムのバーチャル・マシン間での大きな違いが「チューリング完全であるかどうか」というところです。違いは無限ループの可否です。ビットコインは基本的にはチューリング不完全と呼ばれていて、無限ループは不可能なものになっています。

そのためビットコインで何かしら処理しようとすると、基本的にはループする構造は書けません。言い換えると複雑なプログラムが非常に書きにくい（書けないと言ってもよいくらい）のです。上から順に実行していくような単純なスクリプトだけが書けるようになっています。

イーサリアムは逆にチューリング完全といって無限ループが可能になっています。無限ループに加えて、プログラムコードを保存していますので、他のスマートコントラクトから別のスマートコントラクトを呼び出すなども可能になります。これによってスマートコントラクト同士が連携して、より複雑な動作も可能になっているのが一つの特徴です。

実はイーサリアム全体が保有しているデータはネットワーク上には流れていません。フルノードは全員イーサリアム・バーチャル・マシンを持っており、ブロックには取引

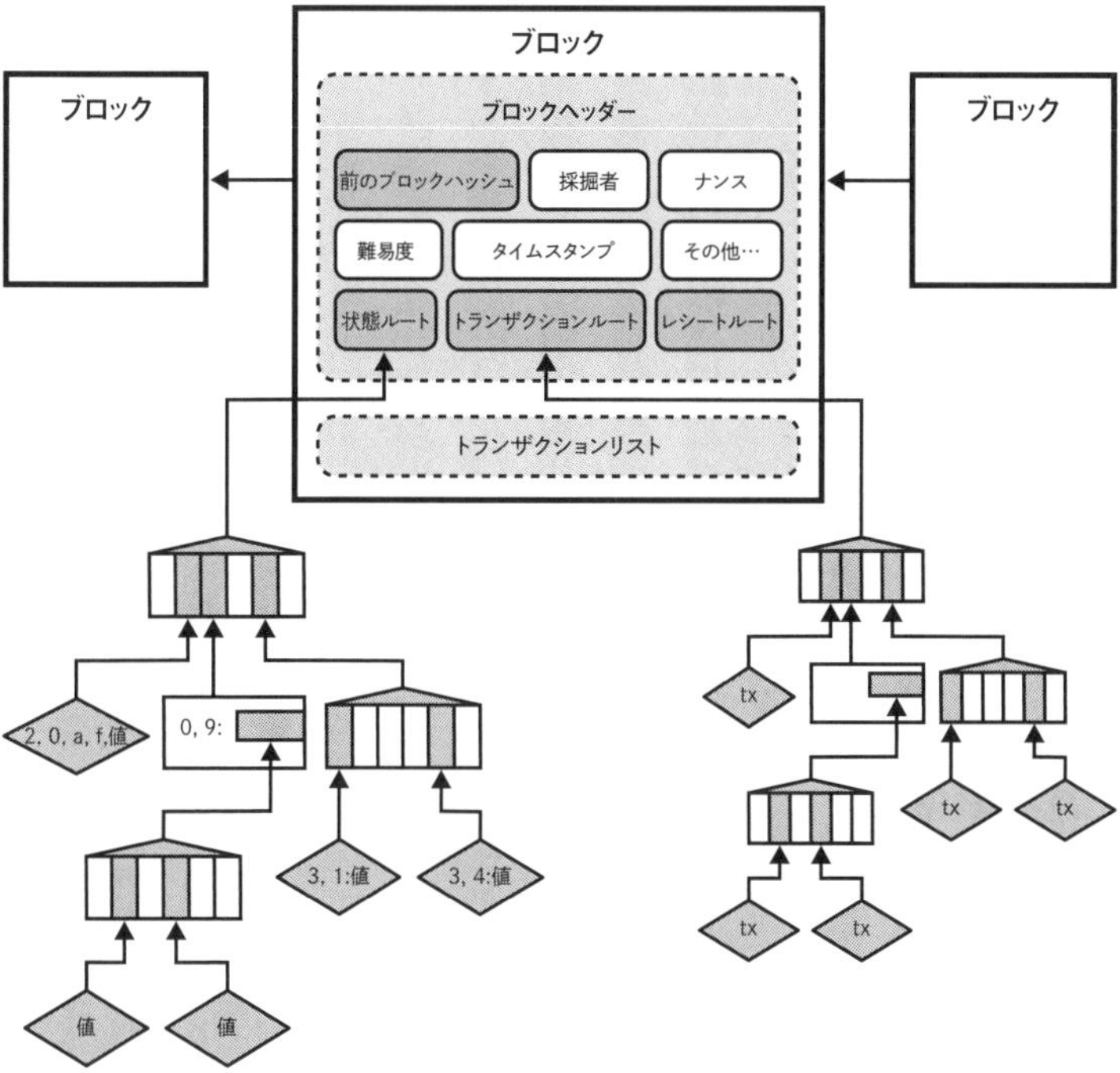
ブロック
ブロック
ブロックヘッダー
前のブロックハッシュ
採掘者
ナンス
難易度
タイムスタンプ
その他…
状態ルート
トランザクションルート
レシートルート
トランザクションリスト
ブロック
2, 0, a, f,値
0, 9:
3, 1:値
3, 4:値
値
値
tx
tx
tx
tx
tx

イーサリアムの構造

が順番通りに綺麗に入っていきます。ブロックを受け取った時にそのブロックに入っている取引を順番通り実行していけば、最終的にみんなが同じ状態になるという風に設計されています。それによって実際のイーサリアム上に保存されているデータは伝搬せず、そのデータに至るトリガーとなるトランザクションが伝搬することで、すべての参加者が同じ状態に同期されます。

逆に、イーサリアムの中では完全なるランダム数というのが扱えない構造になっています。これはなぜかというと、完全なるランダム数を扱ってしまうと、実行するタイミングによって結果が変わってしまい、参加者の状態が統一されなくなるからです。

イーサリアムを使って生まれた仮想通貨とブロックチェーン

さて、イーサリアムはこのようにしてブロックチェーンのプログラミングを簡単にしました。だからこそ、あたらしい仕組みを作りたいというすべての人にブロックチェーンがひらかれたのです。

そのためイーサリアムが登場してからというもの、たくさんの仮想通貨が生まれました。それとともにいわゆるICOといって新たな仮想通貨を発行して資金調達するということも一般的になってきました。

そもそもとしてイーサリアム自体もICOで誕生したブロックチェーンでした。イーサリアムはビットコインをもとにしたICOを行いました。そしてこのイーサリアムの仕組みを使って多くの人々がブロックチェーンサービスや仮想通貨を発行できるようになりました。またイーサリアムのようなプラットフォームになるあたらしいブロックチェーンを作ろうとする人々も生まれました。イーサリアムが世に広がったのをきっかけにして、後発のICOがどんどん生まれたわけです。

これによって、一時期ICOバブルとでも呼ぶべき状況が生まれました。

多数生まれる仮想通貨は、各々が独自の取引方法を定義していたため、あたらしい仮想通貨が生まれる度に、取引所ではそのあたらしい仮想通貨を扱うために取引システムの改修が必要となりました。その結果、取引所からは毎回システムを改修するのは大変だという声も強まりました。そのため、通貨を発行する時に共通のルールや仕組みを作ってはどうかということで生まれたのが標準規格「ＥＲＣ20」です。仮想通貨の世界にも国際標準化の流れがあるということもできるでしょう。

共通の枠組みが生まれたことにより、仮想通貨取引所がＥＲＣ20のフォーマットに沿った形であたらしく発行されたトークンに対して、すぐに対応できるようになりました。

この後、イーサリアム上でやり取りされるＥＲＣ20トークン型のものと、独自のブロックチェーンを用いたものと、基本的には大きくこの2つの仮想通貨が存在することになりました。イーサリアム上で発行されているトークンやプロジェクトの安全性は、スマートコントラクトが公開されることで担保されています。その仕組みを理解し、同意した人だけ参加してくださいという形になっています。

このようにイーサリアムは実は「仮想通貨を動かすためのプラットフォーム」になりつつあるのです。

このような多数のブロックチェーンの管理方式はすべて同一なのでしょうか？　実はそうではありません。ブロックチェーンの管理にはいくつかの種類があるのです。

これが次の話題です。

ブロックチェーンの運用方法

パブリック、プライベート、コンソーシアム

ビットコインに始まったブロックチェーンの技術は、誰でも参加できて中央集権的な役割を排除することが目的でした。ところがその特徴の一部だけを取り出して応用する試みが始められたことにより、許可のあるノードだけがチェーンの維持や参加ができるブロックチェーンが登場しました。

このようなブロックチェーンを、プライベート（コンソーシアム）・チェーンと呼ぶようになり、それとの対比で、ビットコイン型のものをパブリック・チェーンと呼ぶようになりました。イメージとしては、パブリックは等しくすべての者に公開されたチェーンであり、プライベートは特定の一つの組織が管理するチェーン、コンソーシアムは複数の組織が共同で管理するチェーン、というものです。

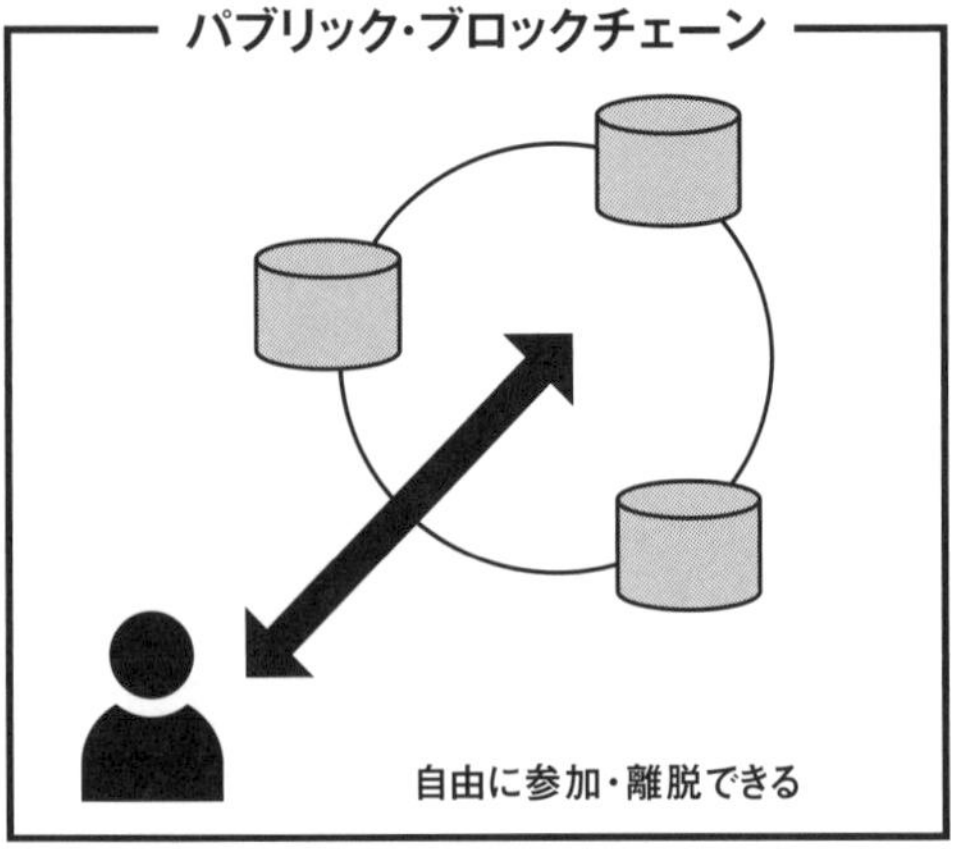
パブリック・ブロックチェーン
自由に参加・離脱できる

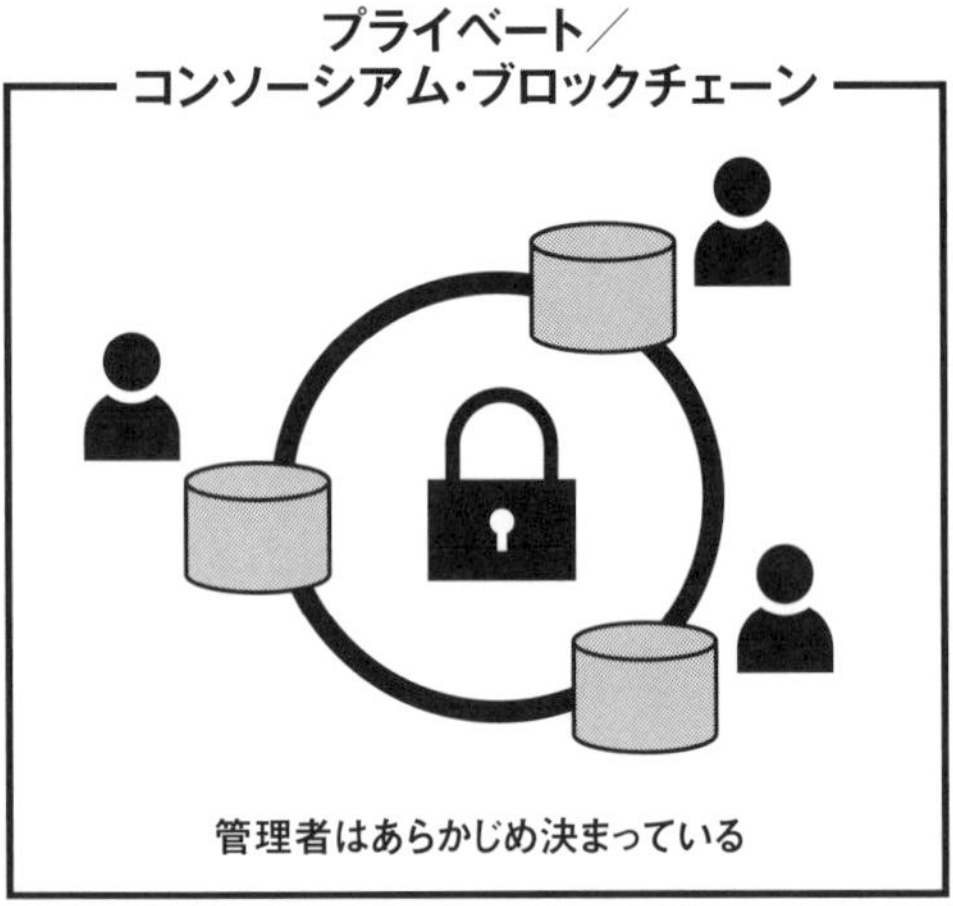
プライベート／
コンソーシアム・ブロックチェーン
管理者はあらかじめ決まっている

ブロックチェーンを社会実装する際には、どんな情報を公開するか、公開した情報を使って何ができるか、という視点でも考える必要があり、世の中のブロックチェーンがすべて3つに分かれるというわけではありません。例えばビットコインであれば、ブロックを参照するのも作成するのも両方ともパブリックといえますが、その他のブロックチェーンでは、ブロックの参照に関してはパブリックに公開されているが、ブロックの作成はパブリックではないという構造を持つこともありえます。

ブロックチェーンの運用を考える時は、こうした公開範囲を含めたガバナンスの設計が重要になりますが、技術的な視点では、パブリックなシステムを検討するよりも、プライベートなシステムを検討する方が、はるかに楽で簡単です。

都合の悪いものを締め出してしまい、次から次へと壁を付け足してガードすればよいのです。しかしながら、これからさらにブロックチェーンの研究を進めようという今、解決すべき課題が多いパブリックなシステムの実現を目指して、知恵をしぼる努力が必要だと考えています。パブリック派・プライベート派に分かれるのはサービスとして運用を詰める段階でよく、インターネットを基盤に据える限り避けられない、悪意のある邪魔者の存在を想定したシステムの検討を進めるべきだと考えています。

続く5章ではこれから取り組むべき課題についてさらに深掘りしてみたいと思います。

5章

ブロックチェーンが抱える課題と解決法

ブロックチェーンが抱える課題は私たちがこれから全力で取り組んでいかなければならないものです。ブロックチェーンの可能性を十分に引き出すには、単にビジネスモデルを考えるだけではなく、この技術開発競争、世界同時競争にも誰かが積極的に身を投じる必要もあるということです。

そこで、この章ではブロックチェーンの課題と、それがどのように解決されつつあるかについてみていくことにしましょう。

《エグゼクティブ・サマリー》

- ブロックチェーンには技術的・社会的な課題が未だ存在するのも事実である。
- しかし、こうした課題の多くはブロックチェーンをめぐる世界同時競争の中で徐々に解決されつつある。

〈用語解説〉

フォーク：1つのブロックに対して2つ以上のブロックが繋がれてチェーンが分岐してしまうこと。すなわちブロックの連なり（チェーン）がフォーク（いわゆる三又の食器具）のように分岐することを指す。通常、フォークした状態はしばらくすると解消されるが（長い方のチェーンが生き残る）、機能追加やあたらしいコインを途中から誕生させるために意図的にチェーンを分岐させることもある。機能追加など元のブロックとの互換性があるフォークを「ソフトフォーク」、互換性がないフォークを「ハードフォーク」という。

51％攻撃：ブロックチェーンに参加しているマイナーの計算能力（コンピュータの性能の総量）全体の51％以上（正確には50％超）を独占したマイナーが、自分に都合の良いブロックに作り変えてしまうという不正なデータ改ざんの手法、またそれが可能な状態にあるブロックチェーンの脆弱性。

一度にどれだけの取引を扱えるのか？

スケーラビリティの問題

ブロックチェーンは構造上、仮想通貨の取引を、どれだけ多く扱えるようにできるかという課題があります。1ブロックに記載できる取引記録は、ビットコインの場合で、1ブロックあたり1メガバイトの取引量、おおよそ1秒間に約7取引しか記録できません。私たちに馴染みの深いVISAカードで1秒間に数千の取引を決済できますから、いかに少ないか分かると思います。

つまりビットコインは世界中のたくさんの人が使おうとすると多くの待ち時間が必要になるという状況といえます。日常的に利用できるようになるためには、ブロックチェーンに記載される情報量を増やす／圧縮する仕組みの研究が必要になります。この問題を解決するためにとられた一つの方法が、ブロックサイズを増やして1メガバイトを突破させるというものでした。

初期のビットコインはブロックのサイズを明示的に決めていませんでした。2010年にサトシ・ナカモトにより現在の1メガバイトを上限とするサイズが導入されました。2017年にビットコインの取引の増加とともに、ブロックのサイズを上げようという意見が提出されましたが、全会一致の採択には至らず、結果としてビットコインから分岐（ハードフォーク）して「ビットコインキャッシュ」という別の仮想通貨が生まれました。

ブロックサイズを増やすと取引量（スループット）を増やせますが、分散台帳なので取引が増えるとネットワークに参加するノードの負荷も極端に上がります。それでは潤沢な資金を持ってたくさんのコンピュータを導入できる富裕層しか参加できないネットワークになってしまいます。そこで次にビットコインが目指したのは、「オフチェーンスケーリング」という手法です。

オフチェーンというのはブロックチェーンの外に記録を残すという仕組みです。ライトニングネットワークという形で2017年に導入されたのが始まりです。この仕組みの中では、ビットコインのブロックチェーン上に預けた金額の範囲内で、ブロックチェーンとは関係のないところで取引をして決済します。オフチェーン取引では、例えば自分と相手がどちらも一定額をデポジットしていたらその枠内で決済できます。この段階では一対一の取引です。

さらに、不特定多数の人とオフチェーン決済しようという要望が生まれ、開発されたのがマルチホップの仕組みを持ったライトニングネットワークです。デポジットしているノード同士がお互い踏み台になりながら、希望の相手とオフチェーン決済するという仕組みです。すなわち、自分と直接繋がってはいない相手でも、オフチェーンを利用できるようになりました。

もう一つ、サイドチェーンという仕組みがあります。これはブロックチェーンの既存のメインのチェーンとは別のサブチェーンを作り、メインチェーンのコインをサブチェーンに移動して取引をしようという試みで2015年にコンセプトが発表されました。サブチェーンに移動したコインはメインチェーンのスループットに縛られることなく取引ができます。現在利用可能なサイドチェーンとしてはBlockstream社が提供する「Liquid」が有名です。

まだ決定的なスケーリングソリューションというのは存在せず、試作しながらプロトコルの改善を繰り返しているのが現状です。このテーマについて、ビットコイン以外でもいくつかのあたらしい試みが出てきています。イーサリアムのトークンをオフチェーンで取引するライデンネットワークもその一つです。これはトークンプラットフォームとして成立していて、メインネットもあります。ただし、ビットコインのライトニングネットワークほど活発ではなくノード数もまだ少ない状態です。chaintopeが取り組んでいるのは、Inazmaという製品の開発で、任意のアセットをライトニングと同様のプロトコルでオフチェーンで送金可能にする仕組みです。

スケーラビリティの問題に、核となるブロックチェーンを変更しないでプロトコルを作り上げる手法をレイヤー2ソリューションと呼ぶことがあります。例えばライトニングは、核となるビットコインをレイヤー1とするレイヤー2ソリューションです。ビットコインにはこのような拡張性があることも大きな特徴で、しかも運用を止めることなく進化させることができます。レイヤー2ソリューションを開発するエンジニア・コミュニティは世界中で広がってきています。

不正や攻撃にどう対処するか?
ブロックチェーンのガバナンス

ブロックチェーンの社会実装を考える時、ガバナンスの設計・構築という視点も重要なテーマになります。それらの課題についていくつかみていきましょう。

ブロックチェーンは分散型システムですから、一度運用が始まったシステムを容易に止めたり変えたりすることはできません。各ノードの合意が必要です。システムの変更のために民主主義的な手法を講じる必要がある、多数決が必要という課題です。合意がとれないとフォークという形で分裂することになります。

次に、そのような物別れでフォークが起きた混乱の直後は、外部からの攻撃に対して弱くなるということです。フォークで分かれた両者のハッシュパワーが一時的に減り、その分のセキュリティの強度が下がります。その結果、例えばビットコインの場合、次のブロックができるまで10分間の予定だったところが引き延ばされるなどする、という問題も理論的には考えられます。

ブロックチェーンが外部から受ける攻撃に対して、耐性をあまり過信しすぎてはいけないという設計上の注意点があります。例えば、プルーフ・オブ・ワークはビットコインだからうまくワークしていますが、ハッシュパワーの少ないチェーンでは期待通りにワークしないことが知られています。技術的に安全というよりも、そこにハッシュパワーが集中しているから安全らしい、という程度に留めておく必要があります。1ブロック1円程度で攻撃できてしまうようなマイナーコインが山ほどあります。日本発の仮想通貨「モナコイン」もハッカー攻撃を受けました。プルーフ・オブ・ワークを採用しているコインの攻撃コストはWebサイト「https://www.crypto51.app」で確認できますが、遊び感覚の小さなコストで攻撃が可能なコインが数多く存在します。

システムは分散型でも変更の意思決定は中央ですることに合意すると、あたらしい仕組みをスピーディーに取り込める利点があり魅力的ですが、以下のような議論にもなります。すなわち、イーサリアムにおけるヴィタリックのように、誰かしらリーダー的存在がいると決定がスムーズにいくが、The DAO事件（イーサリアムを用いたThe

DAOという投資サービスがハッキングされ50億円相当の仮想通貨が盗まれた事件）が発生した時に中央が下した、「不正送金の取引自体を無効化する」といった決定が、中央の管理者がいないブロックチェーンにおいて、ブロックチェーンのバグではなく利用者が作成したコントラクトのバグを中央集権的に救済したと非難されることになりました。つまり、この事件によって、イーサリアムは不変の台帳ではなくなってしまったのです。

ブロックチェーンを分岐（フォーク）させる方法には、前述のように、元のバージョンとの互換性を維持するソフトフォークと互換性がないハードフォークの2通りがあります。今のところビットコインはソフトフォークしかしない方針のようで、あたらしい仕様のブロックも古いソフトウェア上でそのまま動くことが保証されています。ソフトフォークはルールを厳しくする方向への仕様変更ですので従来のシステムでもブロックを正しく検証できます。例えばもともと32メガバイトまでとされていた仕様が、1メガバイトまでというように厳しい方向に条件が変わる場合は、1メガバイトも32メガバイト以下に変わりないから、互換性が保てるということなのです。その反対の仕様変更を行うと、従来のシステムでの検証結果がエラー（仕様を満たしていない）と判断されるため、チェーンに接続されずに拒絶されてしまいます。これを拒絶する従来のシステムは無視してあたらしいシステム同士で処理を続けようと考えることでハードフォークの現象が起きます。

ビットコインでは決定を下すリーダーは存在せず、サトシ・ラウンドテーブルという会議にマイナーや技術者が集まり、香港ラウンドと呼ばれる回で、Segwitという機能を持ったブロックを受け入れる代わりに、取引量の上限を1メガバイトから2メガバイトに引き上げるブロックも受け入れる、という提案を参加者で合意しました。

しかしコア開発者たちは香港ラウンドに合意していないとして反発が起き、一部のノードはビットコインキャッシュとして分離しました。マイナーにとっては手数料収入が増える仕様変更を支持したのです。このビットコインキャッシュの分離をきっかけに、2017年はビットコインシルバーやビットコインゴールドなどいくつものフォークコインが誕生しましたが、一時のブームで終わり多くのフォークコインは姿を消しました。

イーサリアムのようにコンセンサス・アルゴリズムをPoS（Proof of Stake）に変えるような場合も、従来のソフトウェアが正しく検証できなくなるためハードフォークが起こることになります。ビットコインとは違い、イーサリアムは定期的にハードフォークしています。こちらは古いチェーンを残し続ける方のコミュニティが自然淘汰される形で、本流に乗らない方のハードフォークは取引所が扱わなくなります。ガバナンスによって市場が全く別の反応をすることがよく分かるでしょう。

ところでハードフォークしたことに気づかなかったノードは、知らない間に「古い仕様のチーム」に入れられてしまうのでしょうか?「新しい仕様のチーム」に入るチャンスを失うのでしょうか?

この点について、自分が保有している資産はフォークしたどちらのチェーン上にも存在するので慌てる必要はありません。

保有する資産を使う(送金する)時に、どちらのフォークで伸びたチェーンにブロックを積むかを決めればよいのです。別の言い方をすれば、どの分岐も一方向の過去に繋がっていて、どちらかの分岐が切れるわけでもなく、元をたどればジェネシスブロックにたどり着く、過去の資産が無価値になるわけではないということです。

既存の仮想通貨からのフォークではなく、最初から作られたものは「アルトコイン」

と呼ばれる仮想通貨です。すでにある仮想通貨と別のコミュニティでＩＣＯを目指す流行がありました。管理主体がいるタイプ／いないタイプ、どちらで運用する場合でも、そのブロックチェーンのガバナンスの方針や体制は、仮想通貨を発行する前に十分に議論を尽くさないといけないでしょう。

chaintopeが開発してオープンソースとして公開しているブロックチェーン・タピルス（Tapyrus）は、管理主体の組み方（一組織なのか数社で構成する協議会なのか）に応じたチェーンの作成・検証をプロトコルレベルで処理する独自の機能を備えています。あたらしい仮想通貨（トークン）を作る時にガバナンス設計されたチェーンを最初から繫ぎ始めることが可能です。

ガバナンスが異なる業界や企業ごとに、ジェネシスブロック、つまり最初のブロックチェーンを作って運用する用途のブロックチェーンがタピルスです。タピルスのマイニング機能は、あらかじめ決められた複数のサイナー（ブロックに有効な署名を記載できる権限を持ったノード）だけが実行できるという特徴があります。

ビットコインにおけるマイナーは完全パブリックで誰でもなれますが、タピルスのマ

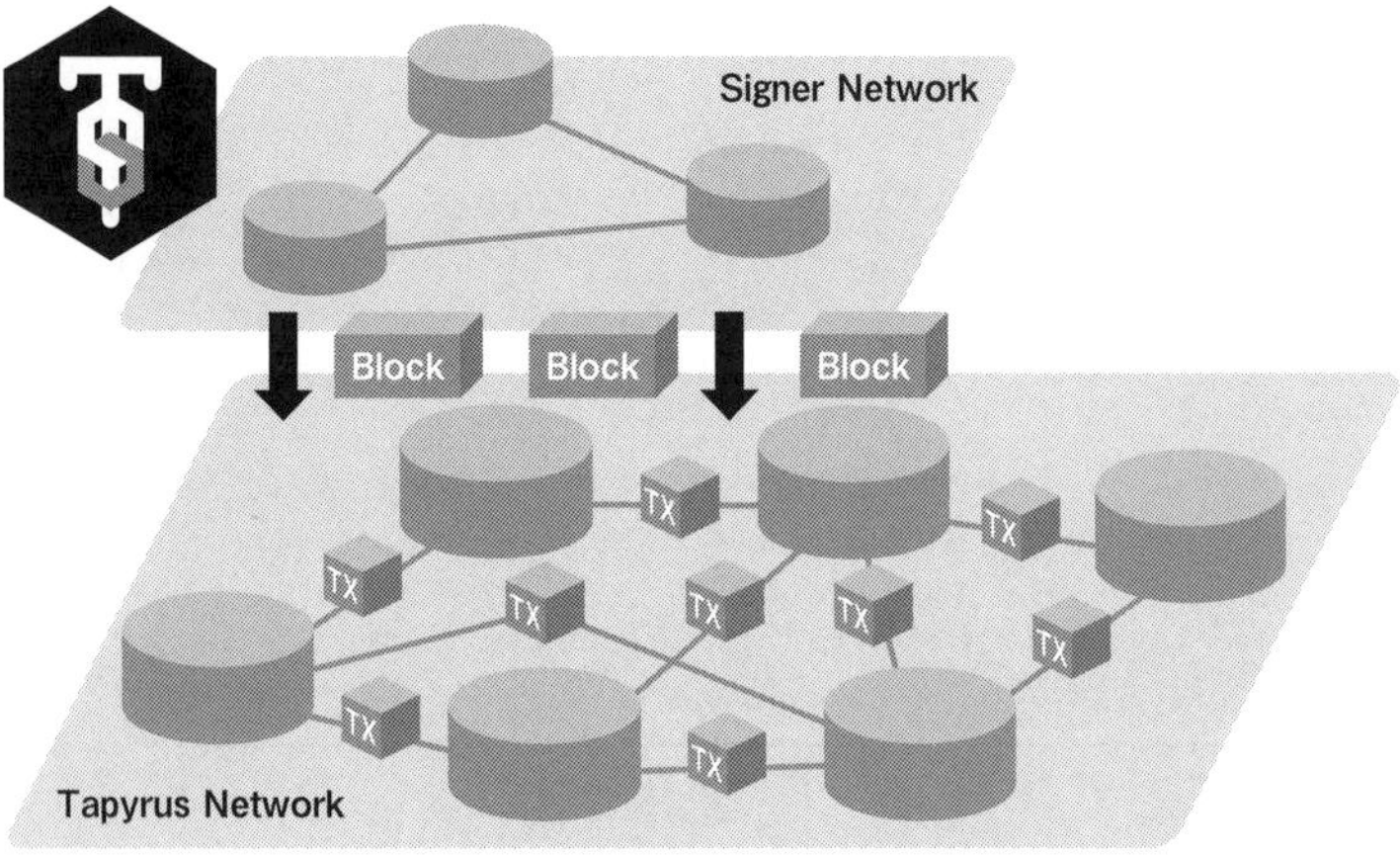

タピルスのブロックチェーン

イナー（つまりサイナー）は先に運用しているその他のマイナーの同意のもとで参加が認められます。タピルスを使ったブロックチェーンのマイニング（あたらしいブロックの作成）は、サイナーに対してのみ排他的に権限が与えられます。このサイナーの数や参加方法によってガバナンスを設計します。

タピルスのブロックチェーンはビットコインと同じくパブリック・チェーンで、フルノードを立ち上げて誰でも参加可能です。また、スマホ用の軽量ノードを現在開発しています。いずれかのノードとして、自由にネットワークに参加できるようになります。

タピルスのソフトウエアはビットコイン・コアをベースにしています。今後、ネイティブなコインの他にトークン機能が追加される予定です。イーサリアムにもビットコインにもトークン機能があります。イーサリアムはコントラクト、ビットコインは利用者側のアプリケーションでそれぞれ対応しています。そして、タピルス上ではこうしたトークンを誰もが発行し、転々流通させることができるようになります。

タピルスは業界ごとに別のネットワークを構成し、その業界専用のネットワークを作れるようになり、それがパブリックでアクセスできるようになります。メインチェーンのコンセンサスに従っている限りは、サイナーによって取引がブロックに承認されます。機能追加によってハードフォークすることもあります。これらの方針はガバナンス設計として事前にサイナー同士で合意しておくべき事項です。

このようにブロックチェーンの社会実装においてガバナンスは非常に重要な検討事項です。通常、既存のブロックチェーンを流用する場合でも、このようなガバナンスの設計をプロトコルレベルで実装しようとすると多くの時間と技術力が必要となります。タピルスは独自のサイナー・ネットワークの概念によって、実社会におけるコンソーシアムの分権的な役割を、ブロックチェーンのガバナンスに反映させることができます。さらに迅速で柔軟に多くのあたらしいビジネスモデルの社会実装に対応できるよう改良を進めています。

セキュリティやプライバシーは守られるのか？

ビットコインのフルノードは世界中の取引の内容をすべて見ることができます。どのアドレスからどのアドレスに何BTC送られたというデータを保有しているということになりますが、このことについて守るべきプライバシー情報はどれかを特定し、一つずつ対策を施していくことになります。

保護する情報の内容を暗号技術を利用して第三者に知られないようにする手法が一般的で、Zcashのように取引自体も秘匿化できる仮想通貨などが世界では誕生してきています。一方で保護する対象を誤ると、マネーロンダリングなどの闇取引の利便性ばかりを高める恐れもあります。秘匿性と追跡性の両方の要求を満たすシステムの研究に終わりはなく、エニグマやシークレットコントラクトの研究を進めているチームがあり、今後利用が増えてくると予想されるスマートコントラクトにおけるプライバシーの取り扱いも重要なテーマです。量子コンピュータに対して耐性の強い暗号アルゴリズムの開発も急がれます。

ブロックチェーンは簡単に使えるものになるのか？

UI／UXの問題

ビットコイン・ノードを動作させるソフトウェアとして公開されたプログラムが、私たちが最初に触れることができたブロックチェーンの原型でした。それらのプログラムを解析してWebやスマホを通じて操作できるアプリケーションを二次制作したアプリ開発者のおかげで、利用者が増えていきました。コンピュータシステムが簡単に使えるものになるまでには、このように段階的に創作活動を広げていく必要がありますが、社会実装が進まないと仕事として従事するアプリ開発者の増加や経験の蓄積が望めず、開発に弾みがつきません。

日本はIT技術者の育成に関して海外に後れをとっている状況でもありかなり深刻です。しかも実は国内のアプリケーション開発の多くが、中国を含むアジアの国々のオフショア開発に頼っており、ノウハウが日本国内に蓄積しないどころか、海外の技術者を積極的に育成する事業になってしまっているという側面もあります。

アプリケーションの操作面の主にUIの課題とは別に、ブロックチェーンの活用には私たちが乗り越えなければならない自己管理というハードルがあります。分散型のシステムを活用する、使いこなすためにあらためて認識しなければならないことは、中央の管理者が不在であるということです。ビットコインを例に挙げると秘密鍵を誰かに渡してはいけないということです。グーグルにしても、フェイスブックにしても、ログインできなくなった時、そのシステム管理者にパスワードを再発行してもらうことに私たちは慣れすぎてしまっています。

銀行通帳や届出印を紛失しても、銀行の窓口に頼み込んだらお金を引き出せる・当然の権利だと考えています。このような利用者とサービス提供者のギャップの部分で、ブロックチェーンを使ったサービスのUX（ユーザー体験）を、データの自己管理という観点で試行錯誤を繰り返すことになります。例えば秘密鍵の自己管理の場合、サービス提供者が「それはユーザー責任」というそっけない態度で手を差し伸べないようでは利用が進まないでしょう。サービス提供者が歩み寄った事例として、秘密鍵を再生成できる情報を別の装置（紙を含む）にバックアップできるように、12個ほどの単語の形でユーザーの端末に表示できる機能、出力できる機能を実装しました。
ユーザーが簡単に自己管理ができるようにサービスを拡充した事例というわけです。

ブロックチェーン技術者にとっての使いやすさという課題

プログラムを作成する技術者には、例えば（イーサリアムだと特に）バグのないコードが求められます。イーサリアム上で動くプログラム（スマートコントラクト）に、利用者が意図していない動作が記述されていないことを保証してほしいということです。ビットコインも複雑なコントラクトを書こうとすると、開発者が想定できなかった動きがバグとして混入する恐れがあります。そのため、より多くのテスト環境や検証装置を充実させて、効率良くバグのないコードを作成できるよう支援が必要だと考えます。

また、プログラミング言語の構造や仕組みが（人気のジャバスクリプトのような言語を普通とすると）普通のプログラミング言語とは異なります。ブロックチェーン技術者のための教育環境もまだまだ未熟でハードルが高いという状況です。

少しずつではありますが技術者向けの解説書として、『マスタリング・ビットコイン』や『マスタリング・イーサリアム』のような本格的な書籍も出版されてきました。chaintopeでは、GBEC（https://goblockchain.network/）というコミュニティを通じて技術解説の配信や開発者とのQ&Aによってブロックチェーン技術の底上げに貢献できるよう努めています。

ブロックチェーンは権力に潰されないか？

法律と規制の問題

フェイスブックが2019年に発表したリブラは、まさに国家との関係によって立ち往生しています。ビットコインのような価値の不安定な仮想通貨ではなく、法定通貨とバランスをとらせて価値を安定させようという目論見で、様々な同志企業の協力をとりつけましたが、各国政府から牽制《けんせい》する発言が報じられ、強行は困難との見方が広がっています。

ただ、今の各国政府・今の各国世論のもとでは巨大な権力に頭を押さえられている状況でも、一国単位で対応できない地球規模の状況の変化に直面した時、これまでの各国間のバランス維持に執着してはいられない場面に突入するかもしれません。つまり地球規模の全体最適の議論をいつまで先送りするのか、という問題意識です。

誰かが一人勝ちするための技術ではないブロックチェーンが、権力に潰されて研究者がいなくなる時、果たして世界は本当に安心・安全な姿を維持しているでしょうか。

終章

あとがきにかえて

この本の執筆が佳境に入った時に、世界に新型コロナウイルスが蔓延し、筆者のブロックチェーン革命への時間軸への認識が一気に変化しました。世界は大きくかつスピーディーに変化をしなくてはならなくなりました。そして、さらに中国がブロックチェーンを用いた中央銀行デジタル通貨（ＣＢＤＣ）である「デジタル人民元」の実証実験を開始したのです。

もともと本書は、アメリカ・欧州・中国・日本といった世界中のプレーヤーによる「世界同時ブロックチェーン開発競争」とそこへの危機感を芯にしていました。まさに今本書が描いてきたストーリーの一部が実現しようとしているということでもあります。

当初、この「あとがき」は本書出版のいきさつと謝辞といった一般的な内容に終始する予定でした。しかし、こうした状況の変化を踏まえ、急遽「終章：あとがきにかえて」として書き直しを決定しました。

中国のデジタル人民元の実証実験の開始もあり、日本の監督省庁も対応に追われているようです。これまでリアルマネーはＵＳドルが基軸通貨となってきましたが、デジタルマネーの基軸通貨として中国人民元が名乗りをあげたとも考えうる、世界史的大事件だからです。

もちろん、現段階では「人民元がデジタル世界の基軸通貨を目指すつもりかもしれない」といった段階であり、ただの憶測に過ぎません。そのため安易で過剰な反応は日本企業や日本社会にとってもマイナスだと思われます。一方で、この大事件が仮に次のようなシナリオで進んだ場合には、日本にも大きな影響があると思われます。そこで、いくつかのありうるシナリオに対して心の準備はしておいた方がよいかもしれません。

予想される一つのシナリオは例えば以下のようなものです。「デジタル人民元での決済がとても速く手数料も安い」と評判になり、もともと中国との往来や取引が多いアジア諸国の個人や企業が国境を超えて積極的に使い始めます。見慣れない現金と違って偽札の不安も少なく、銀行に行かなくてもインターネットで取引ができるので、とにかく中国との流通が今より便利になります。そしてキャッシュレスが進むにつれて中華系サービスとの接続性が増し、ＢＡＴＨ（中国版ＧＡＦＡと目される巨大企業バイドゥ・アリババ・テンセント・ファーウェイ）が低料金・高付加価値によってそれらの国の成長を後押しします。デジタル人民元・ブロックチェーンのスマートコントラクトがさらに生産性を向上させてオールアジア体制が確立するのです。

生活水準を引き上げてくれる中国経済に乗っかる形で、様々な経済主体が、かつての先進国、西欧・アメリカそして日本にデジタル人民元での取引を要求します。その裏側で巨大な人とモノの投資によって、未だ金融制度が確立していないアフリカ大陸での基軸通貨の足場を固めます。もはやデジタル人民元で取引しないと損をするといった時代に突入するかもしれないのです。

最初から国際貿易を想定したP2P型の決済手段を持たせておくことで、あまりに効率的で手数料も安く済むから、誰もこのシステムから抜けたいとは思わないかもしれません。巨額の初期投資が必要でも、その後の経済成長を考えたら思いがけず短期間で回収、黒字化するかもしれないのです。寄らば大樹の陰、善良な独裁者は意外なほど国民に愛されるのかもしれません。

この時、デジタル人民元に関わる仕組みを非常に安価に（場合によっては無償で）公開するからには、中国政府にとって相応のメリットがあるはずです。

真っ先に思い当たるのは「私たちの行動データ（個人情報）」でしょう。つまり中国政府が世界中の人々の行動を見通せる力を手に入れるかもしれないという可能性です。日本人にとっては気持ちが悪いことになりそうだという心配が先立ちますが、実は意外にも行動を監視されることに警戒心を持たない国民・人々は多くいるのです。

悪人を監視して事件を解決してくれる監視体制を賞賛するという風土です。

私たちも気がつけば積極的にドライブ・レコーダーを搭載したり、会議や電話を録音されたりといったことにも慣れてきました。絶対の価値観が続くのではなく、時間をかけて世代を重ねて慣らされていくと考えると、近い・遠いはあってもデジタル人民元を基盤とする監視社会というのも十分にありえる未来のシナリオでしょう。

日本が規制を強化する議論に終始していれば、中国がブロックチェーン革命の覇権を握ることは決定的でしょう。

そして他国を無視して暮らしていたところに、海洋から突如現れた「黒船」によって通商を迫られたように、インターネットから海外製ブロックチェーンの巨大な船（サービス）が突如現れ、私たちは為す術もなく通商に応じるしかなくなるということです。

なお現在のところ、アメリカ政府はブロックチェーンに関してそれほど積極的ではないようです。あくまで推測ですが、デジタル通貨がリアルマネーの地位を脅かすと考えて二の足を踏んでいる可能性があります。リアルマネーの基軸通貨であるドルを保持するアメリカは、この分野での共喰いを恐れているのかもしれません。そうした背景から、日本政府はまずヨーロッパの金融庁と組んで、ブロックチェーン技術の開発競争に身を投じる方向を模索することになると思います。

ブロックチェーンを含むインターネットを基盤とした、今後のグローバルな社会構造の再編は、1つ目の軸には、米国政府の自由を旨とする規制緩和の援護を受けた民間テクノロジー企業が、さらなる生産性向上を果たして世界中の企業を凌駕《りょうが》し続ける、資本主義経済・シリコンバレーを中心軸とした流れ、2つ目の軸には、中国政府の強力なリーダーシップで巨大市場を操り、飴と鞭での集権構造の維持と情報統制を中心軸とした、世界中の人々を虜にする流れ、そして3つ目の軸には、どちらの政治力にも頼らない民主的な草の根活動を中心軸とする世界中に同志を集める流れ、という3派に分かれて対立するのかもしれません。

いや他の選択肢があるはずだ、という読者の方もいると思います。

その通り、決定的な未来は誰にも分かりません。

本書はいくつかのありうる未来をお伝えして、今、私たちがグローバル社会の中でどのような位置にいるのかを考え、そしてこれからの行動を早期に決断していただくきっかけになればと願っています。未来の選択を先延ばしせずに、多くの情報を自分たちの手で集めて、失敗を恐れずに一歩を踏み出してみる。読者のみなさんに、「ありうる選択肢から自分で未来を選び取る」という自覚を、終章ではどうしてもお伝えしたいと思いました。

本書の執筆にあたり、次のような方々に大変お世話になりました。2章の事例紹介にご協力いただいた企業のみなさんには普段のお仕事からたくさんのアイデアをいただいています。さらに著者らが所属する株式会社chaintopeのメンバーや株式会社ハウインターナショナルのメンバーは本書出版計画に付随する作業を手伝ってくれた上、普段からブロックチェーン技術開発の最前線で戦ってくれています。

筆者らにとって社会的な意義を確信していた本書ではありますが、出版に至るまでには数々のハードルが存在していました。

様々な困難を乗り越えてついに出版に至ったのは、ひとえに株式会社幻冬舎および同社『あたらしい経済』編集長・設楽悠介氏のご尽力によります。設楽氏には、全般的にご協力いただき、その結果として最初は文字列に過ぎなかった本書がみるみるうちに立派な「本」へと変身いたしました。また、明治学院大学経済学部専任講師・岩尾俊兵氏には、ご自身の著書出版経験を踏まえて、本書の構成についてたくさんのアドバイスと手直しをいただきました。

また、筆者らが創業からこれまで歩む中で創業地として選んだ福岡県飯塚市において、物心両面においてサポートをいただいた、医師の縄田修先生をはじめとする飯塚市の支援者の方々に感謝申し上げます。

さらに近畿大学教授・山﨑重一郎氏には、筆者らがブロックチェーンの研究開発に取り組むきっかけを作っていただきました。

こうした関係者のみなさんすべてに感謝いたします。これまで筆者らと仕事をしてくださった方、これからの未来で一緒に仕事をさせていただく方、ブロックチェーン技術について日々切磋琢磨していらっしゃるすべての方に感謝いたします。

最後に、共同創業者として20年間、共に数々の製品を生み出し、技術者育成に生涯を捧げた弊社の元最高技術責任者の故・高橋剛に本書を捧げたいと思います。

ブロックチェーンの世界同時競争は始まったばかりです。

これからこの競争において日本から何ができるか、日本からどんな未来を世界に提案できるか、読者のみなさんと引き続き考えていけたら幸いです。

参考文献

ここで挙げる参考文献はリーディングリストや読書案内に近いものです。そのため、学術的な意味での参考文献というよりは、本書の次に読まれるべき本としてお薦めをピックアップしています。

ブロックチェーンの社会的インパクトについて

『ブロックチェーン・レボリューション：ビットコインを支える技術はどのようにビジネスと経済、そして世界を変えるのか』ドン・タプスコット、アレックス・タプスコット、高橋璃子（訳）、ダイヤモンド社、２０１６年。

『ブロックチェーンの未来：金融・産業・社会はどう変わるのか』翁百合、柳川範之、岩下直行（編著）、日本経済新聞出版社、２０１７年。

『暗号通貨vs.国家：ビットコインは終わらない』坂井豊貴、ＳＢクリエイティブ、２０１９年。

『あたらしい経済（幻冬舎Ｗｅｂメディア）』https://www.neweconomy.jp/

ブロックチェーン技術についての解説

『ビットコインとブロックチェーン：暗号通貨を支える技術』アンドレアス・M・アントノプロス、NTT出版、2016年。

『決定版ビットコイン&ブロックチェーン』岡田仁志、東洋経済新報社、2018年。

『暗号通貨の経済学：21世紀の貨幣論』小島寛之、講談社、2019年。

『ブロックチェーン：相互不信が実現する新しいセキュリティ』岡嶋裕史、講談社、2019年。

ブロックチェーン・プログラミングの教科書

『マスタリング・イーサリアム：スマートコントラクトとDAppの構築』アンドレアス・M・アントノプロス、ギャビン・ウッド、オライリー・ジャパン、2019年。

株式会社chaintopeでは本書で紹介したような国内外のブロックチェーンプロジェクトの開発をしております。最新の事例などは左公式サイトよりご確認ください。

株式会社chaintope公式サイト
https://www.chaintope.com/

装幀　トサカデザイン（戸倉 巌、小酒保子）
構成　岩尾俊兵

◎著者紹介

正田英樹（しょうだ・ひでき）

1972年山口県光市生まれ。九州工業大学卒。
株式会社chaintope代表取締役CEO、
株式会社ハウインターナショナル取締役会長。
地方創生戦略、起業経営を専門分野として
九州工業大学客員教授、
福岡県飯塚市行政アドバイザー等を歴任。

田中貴規（たなか・たかのり）

1999年九州工業大学大学院卒。
株式会社chaintope CIO、
株式会社ハウインターナショナル代表取締役社長。
技術者として約20年間、電話系インフラのソフトウェア
開発と自治体系システムのデータ処理に従事。

村上照明（むらかみ・てるあき）

2007年株式会社ハウインターナショナル入社後、
開発と営業を経て現在は
株式会社chaintope取締役COO。
多数のブロックチェーンプロジェクトに携わる。

中城元臣（なかじょう・ゆきしげ）

株式会社chaintope CER、
株式会社ハウインターナショナル CTO。
2017年よりEthereumのR&Dにコミット。
『マスタリング・イーサリアム—スマートコントラクトと
DAppの構築』（オライリージャパン）監修。

安土茂亨（あづち・しげゆき）

株式会社chaintope取締役CTO。
2015年よりブロックチェーンのプロトコルレイヤーの
研究開発を始め、Tapyrusの開発をリード。
著書（共著）に『ブロックチェーン・プログラミング
仮想通貨入門』（講談社）がある。

ブロックチェーンがひらく「あたらしい経済」

2020年8月25日　第1刷発行

著者　正田英樹　田中貴規　村上照明
中城元臣　安土茂亨　株式会社chaintope

発行人　見城　徹
編集人　石原正康
編集者　設楽悠介
発行所　株式会社　幻冬舎
〒151-0051　東京都渋谷区千駄ヶ谷4-9-7
電話　03（5411）6211〔編集〕
　　　03（5411）6222〔営業〕
振替　00120-8-767643
印刷・製本所　中央精版印刷株式会社

Printed in Japan　ISBN 978-4-344-03618-5 C0095
幻冬舎ホームページアドレス https://www.gentosha.co.jp/
この本に関するご意見・ご感想をメールでお寄せいただく場合は、comment@gentosha.co.jp まで。